주기도문

연세신학문고 5
주기도문

2014년 1월 30일 초판 1쇄 발행
2023년 4월 10일 초판 2쇄 발행

지은이 | 서중석
펴낸이 | 김영호
펴낸곳 | 도서출판 동연
등   록 | 제1-1383호(1992년 6월 12일)
주   소 | (우 03962) 서울시 마포구 월드컵로 163-3
전   화 | (02) 335-2630/4110
팩   스 | (02) 335-2640
이메일 | yh4321@gmail.com

ISBN 978-89-6447-262-0 03200
ISBN 978-89-6447-230-9 03200(세트)

연세신학문고 005

주기도문

서중석 지음

동연

머 리 말

예수께서는 제자들에게 직접 어떻게 기도할 것인가를 가르쳐주셨다. 오늘날 주기도문으로 알려진 이 기도는 이천 년 동안 줄곧 크리스천들의 입을 통해 암송되어왔다. 이 주기도문을 암송하는 것 자체가 크리스천들을 다른 종교의 신봉자들과 구별 짓는 뚜렷한 경계선이 되기도 했다. 예수 당시의 초기 제자들로부터 현대 크리스천들에 이르기까지 주기도문은 크리스천들의 정체성을 강화해주고 내적 결속력을 다져주는 주요 수단이 되어왔다.

주기도문은 긴 세월 동안 엄청난 숫자의 사람들이 사용해오고 있다. 그러나 그 뜻을 명료히 이해하고 암송하는 경우는 드물다. 공동 기도의 원형을 보여주는 이 주기도문은 단지 바람직한 기도의 형태만을 보여주는 것이 아니다. 주의 기도에는 크리스천이 어떻게 신앙생활을 해나가야 할 것인지, 그 방향과 내용이 밀도 깊게 집약되어 있다. 곧 주기도문은 신자들의 삶의 목표를 안내할 뿐 아니라, 그 삶의 질을 통제한다. 따라서 주기도문의 뜻만 깊이 새겨도 우리의 신앙은 한결 그 깊이가 더해질 것이다.

이 주기도문 해설은 주기도문 자체에 대한 주석적 설명과 그것이 어떻게 오늘 우리의 신앙생활을 제어하는지를 밝히려는 설명으로 구성된다. 주기도문이 오늘 우리의 삶과 관련이 없는 하나의 주문으로 전락하지 않으려면 그것이 오늘 크리스천의 신앙생활과 어떻게 관련되는지를 규명하는 작업이 필요하다. 이 글은 주로 평신도 크리스천을 일차적인 독자로 상정한다. 따라서 주기도문의 각 탄원들에 대한 학문적인 세세한 논의는 생략하고 쉽게 쓰려고 했다.

이 책은 필자가 몇 해 전에 출판한『주기도문과 제자의 길』을 연세신학문고 편집위원회의 요구에 따라, 새로운 제작 형태로 재출판한 것이다. 그 내용은 약간의 수정과 첨삭 외에는 그 이전 것과 동일하다. 성경은 개역개정과 표준새번역을 필요에 따라 교차하여 사용하였다.

　필자는 이 작은 책을 어린 시절부터 지금까지 오랜 세월에 걸쳐 필자의 신앙의 울타리가 되어온 만리현교회와 필자에게 세례를 베풀어주신 고(故) 정등운 감독님, 신앙생활의 모범을 보여주신 고 김효원 전도사님을 비롯한 역대 교역자님들과 그 교회에 맡겨진 사명을 끊임없는 기도와 헌신적인 봉사로 감당해온 모든 성도님들께 헌정하고 싶다.

2014년 1월

연세대학교 신학관에서

서중석

차 례

여 는 글

주기도문은 복음서에서 두 가지 형태로 전해져 내려오고 있다(마 6:9-13; 눅 11:2-4). 그 본문의 길이는 마태의 것이 누가의 것보다 더 길다. 누가복음에는 마태의 세 번째 탄원 전부와 여섯 번째 탄원의 일부가 생략되어 있기 때문이다. 주후 1세기 말 혹은 2세기 초에 쓰인 것으로 추정되고 있는 디다케(Didache)는 송영을 부가함으로써 마태의 것보다 더 긴 길이를 갖게 되었다. 디다케의 형태는 누가의 것보다는 마태의 것에 더 가깝다.

마태의 것과 누가의 것 중 어느 것이 더 순수한가에 집중하는 것은 비생산적이다. 오히려 그와 같은 차이를 수용한 두 공동체의 정황 차이를 살펴보는 일이 중요하다. 마태와 누가는 주기도문을 각각 독특한 문맥 속에 위치시키고 있다. 먼저 마태의 경우를 살펴보자. "또 기도할 때에 위선자들처럼 하지 마라. 그들은 남에게 보이려고 회당에서나 큰 길 모퉁이에서 기도하기를 좋아한다. 내가 진정으로 너희에게 말한다. 그들은 이미 받을 것을 다 받았다. 너는 기도할 때 골방에 들어가 문을 닫고 은밀한 데 계신 네 아버지께 기도하라. … 이방 사람들처럼 빈말을 되풀이하지 말라. … 그러므로 너희는 이렇게 기도하라"(마 6:5-9).

마태공동체 내에는 빈말을 되풀이하는 자들과 길 어귀에 서서 위선적으로 기도하는 자들을 모델로 삼고 있었던 한 그룹이 있었다. "너희는 스스로 랍비라 칭함을 받지 말라"는 권고도 이러한 불화의 상황을 간접적으로 반영해준다. 위선적인 기도에 익숙해져 있는 사람들의 태도와는 대조적인 것이 강조되는 문맥에서 주기도문이 언급되고 있다. 결국 마태의 주기도문은 순수한 기도 또는 은밀한 기도를 위한 모델로 제시된다. 동시에 그로 인한 공동체의 불화를 막기 위해 용서에 대한 권고를 주기도문에 연이어 곧바로 제시하고 있는 것(마 6:14-15)도 결코 우연이 아니다. 심지어 주기도문 자체 내에서도, 마태는 문맥상의 어색함에도 불구하고 누가의 것과 달리 "용서한 것 같이"를 그대로 남겨두어 용서의 강한 모델을 제시하는데, 이것 역시 기도의 문제로 불거진 불화의 정황을 극복하려는 노력을 반영해준다.

반면 누가의 경우에는 사정이 다르다. "제자들 가운데 하나가 말했다. "주님, 요한이 그의 제자들에게 기도를 가르쳐준 것처럼 저희에게도 가르쳐 주십시오." 예수께서 그들에게 말씀하셨습니다. "너희는 이렇게 기도하라 …"(눅 11:1-2a).

누가의 기도문에는 세례 요한 그룹이 자신들끼리만 통하던 기도문을 갖고 있었던 것처럼, 우리도 우리 나름대로의 독자적인 기도를 가져야 한다는 분위기가 상정되어 있다. 누가는 독자적인 기도문에 대한 요구 때문에 주기도문이 생겨나게 된 것으로 제시하면서, 바로 그 주기도문을 끈질긴 기도의 필요성을 강조하는 그 다음 문맥 곧 11장 5-13절과 밀접히 관련짓는다. 한 그리스도교 공동체를 다른 공동체들과 구별 짓는 뚜렷한 기준으로 독자적인 기도가 필요하다는 것이다. 세례 요한파뿐 아니라 바리새파나 에세네파의 경우에도 그들 나름대로의 독자적인 기도문을 갖고 있었다. 독자적인 기도문은 자신들끼리만 통하는 신념을 비공개적으로 교환하는 비밀 교제의 징표가 되었다.

한 공동체의 입장을 대표하는 기도문을 일상적인 사용을 위해 만들 경우, 손쉬운 암송을 위해 반복을 제한하고, 간결한 형태로 처리한다는 것은 지극히 자연스러운 일이다. 이것이 누가가 마태와는 달리, 자신의 공동체를 다른 공동체와 구별지을 수 있는 독자적인 기도문을 갖기 위해 반복 없는 간결한 형태로 주기도문을 수용한 이유이다.

더구나 복음서에 반영된 그 어느 그리스도교 공동체들보다 이방선교에 관심이 많았던 누가공동체는 바로 그런 자신들의 입장 때문에, 마태의 "하늘에 계신 우리 아버지"와 같은 유대교적 어법 대신 단순히 "아버지"로 하나님을 호칭케 함으로써, 이방인들도 그 호칭에 별다른 문제를 느끼지 않도록 해준다. 이는 마태의 족보(마 1장)와는 달리 자신의 족보(눅 3장)를 하나님에게까지 소급시킴으로써, 하나님을 이방인들까지 포괄하는 분으로 그리고 있는 누가의 전체적인 방향과도 걸맞은 호칭이라 할 수 있다. 따라서 마태와 누가 모두가 주기도문의 옛 전승을 각기 자신들이 속한 공동체의 상황에 알맞은 형태들로 수용했으리라는 구체적인 지적이, 어느 한쪽이 다른 쪽보다 더 순수한 형태였을 것이라는 관념적인 상상보다 더 긴요할 것이다.

　원시 크리스천 공동체들은 그 기도의 어법보다는 의미에 관심을 두었기 때문에, 문자적인 엄격한 고수를 멀리하고 상황에 적절히 적응하려는 노력을 하게 되었다. 마가나 요한은 '마태나 누가의 형태대로의 주기도문'을 갖고 있지 않다. 그러나 주기도문의 몇 가지 작은 핵이 마가복음(14장)에서 축소되어 있는 것이 발견되는 한편, 요한복음에서는 오히려 주기도문 전체에 대한 확대된 주석(17장)이 발견되고 있는 것은 결코 우연이 아니다. 주기도문의 형태 자체에 관한 한, 크게 보면 마태와 누가는 그 옛 전승을 각기 다른 문맥 속에서 비교적 보수적으로 적용한 반면, 마가와 요한은 그것을 대단히 자유스럽게 수용했다고 볼 수 있다. 전 세계 대부분의 크리스천들이 주로 선택하여 암송하는 대본은 누가의 형태가 아니라 마태의 형태이다. 여기서는 마태복음에 소개되어 있는 주기도문을 중심으로 살펴보려 한다. 마태 형태의 주기도문은 서두의 호칭을 제외하면 신적인 것에 대한 세 탄원과 인간적인 것에 대한 세 탄원으로 크게 그룹 지어져 있다. 첫 세 탄원은 "아버지"(하나님)에 관해 말하고, 나중의 세 탄원은 "우리"(인간)에 관해 말하는 '형식'을 취한다. 그러나 하나님에 관한 첫 세 탄원의 배후에는 인간의 절박함이 있고, 인간에 관한 나중의 세 탄원의 배후에는 하나님이 있다. 결국 주기도문의 모든 탄원에는 절박하게 부르짖는 인간과 그 인간의 삶에 개입하시는 하나님이 밀접하게 하나로 엮여 있다.

1

"하늘에 계신 우리 아버지"

하늘에 계신 우리 아버지

주기도문은 "하늘에 계신 우리 아버지"로 시작한다. 찬송가 속표지에 붙어 있는 주기도문에는 '아버지여'로 되어 있다. 이것은 2007년에 출판된 새 찬송가에도 그대로 유지되었다. 이렇게 반포되었기 때문에 대부분의 교회에서 아버지에 '여'를 붙여 주기도문을 암송하고 있다. 그러나 이는 어법에도 맞지 않을 뿐 아니라 부자연스럽다. 흔히 '여'는 죽은 자의 영을 불러내는 초혼가에서 사용된다. 가령, 죽은 자를 그리워할 때, '님이시여' 한다. 반대로 살아 있는 사람을 대상으로 할 때에는

'여'를 생략한다. 우리가 집에서 아버지를 부를 때 '아버지' 또는 '아버님' 한다. '아버지여' 또는 '아버지시여'라고 하지 않는다. 하나님께서는 살아 계시기 때문에 당연히 '여' 없이 '아버지'라고 하는 것이 맞다. 우리가 일상생활에서나 혹은 기도할 때 별 반성 없이 자주 사용하는 '주여'의 경우도 마찬가지다. '주여'는 살아 계신 주를 부르기에는 적합한 존칭이 아니다. '주님' 하고 부르는 것이 바른 표현이다.

찬송가 속표지에 있는 주기도문에 아버지'여'로 표기된 이유는 개역판이나 개역개정판의 마태복음 6장 9절이 '아버지여'로 되어 있는 것을 그대로 옮겨 적었기 때문이다. 그런데 마태복음의 해당 구절을 이렇게 번역한 것은 희랍어와 우리말의 어법이 다른 것을 고려하지 않고 직역을 했기 때문이다. 독일어에서는 격이 네 개가 있는 데 비해, 희랍어에는 격이 다섯개가 있다. 그중 희랍어에는 우리 문법에는 없는 호격이 있다. 사람을 부를 때, 5격 또는 호격을 사용하는데, 이때 단어의 어미 형태가 변경된다. 그러나 우리말에는 선생님을 삼인칭 주격으로 설명할 때나 '선생님' 하고 부를 때나 똑같이 그냥 선생님이다. 다행스러운 것은 공동번역판이나 표준새번역판은 모두 '여'를 빼고 우리말 어법에 맞게 '아버지'라 해놓았다.

하나님을 '아버지'라 한 것은 신자들이 하나님을 매우 가까운 신뢰의 대상으로 이해하도록 하기 위한 것이다. 누가 아버지를 전적으로 신뢰하는가? 우선, 어린아이들이다. "어린 아이들이 내게 오는 것을 용납하고 막지 말라. 하나님의 나라는 이런 어린 아이들의 것이다.… 누구든지 어린 아이들과 같이 하나님의 나라를 받들지 않는 자는 결코 거기 들어가지 못할 것이다"(막 10:14-15; 마 19:13-15; 눅 18:15-17). 이런 말씀은 결국 너희가 만일 어린아이가 아버지를 신뢰하듯 하나님을 신뢰하지 못한다면 하나님의 나라에 들어갈 수 없다는 뜻이다. 그렇다면 어린아이들은 누구를 가리키는가?

"어린 아이와 같이"라고 할 때 어린아이는 사회적으로 힘없는 자, 가난한 자, 약한 자로도 상징할 수 있는 함축적인 단어이다. 곧, 어린아이는 도움을 필요로 하는 사람을 뜻한다. 여기서 어린아이는 겸손이나 단순성의 한 모델이라기보다 사회의 가장 보잘것없는 사람들의 예로 등장하고 있다. 가령, "누구든지 내 이름으로 이런 어린 아이 하나를 영접하면 곧 나를 영접함이요 누구든지 나를 영접하면 나를 영접함이 아니요

나를 보내신 이를 영접함이라"(막 9:37)를 살펴보자. 여기서 예수는 하나님의 상징으로 이해되듯이 어린아이는 예수를 상징한다. 그런데 이 말씀은 누가 크냐 하고 제자들끼리 서로 논쟁하는 상황에서 나온 말이다. 이때 예수는 아무든지 첫째가 되려면 뭇사람의 끝이 되어야 하고 뭇사람을 섬기는 자가 되어야 한다고 말한 직후에 어린아이를 "그들 가운데" 세우고 가르쳤다. 곧 이 어린아이는 뭇사람의 끝에 처한 어른을 상징한다.

예수는 유대의 종교적 관리들의 눈으로 볼 때 아무런 지위도 갖지 못한 가난한 자들, 무소유자들, 애통하는 자들, 소외된 자들에게 하나님의 나라를 약속하고 있다. 따라서 여기서 하나님의 나라는 아주 객관적으로 눈에 띄지 않고 시시하며 중요하지 않은 약한 자들에게 약속되고 있다. 주기도문에서 하나님을 아버지로 부른 것은 하나님에 대한 신자들의 '전적인 신뢰'로 집약된다. 그러나 그 '전적인 신뢰'를 어린아이처럼 정신적으로 순수한 심정을 가진 사람만이 할 수 있는 것으로 보는 것은 지나친 제한같이 보인다. 오히려 사회적으로나 실제적으로 힘없는 자들이야말로 '전적인 신뢰'를 가장 절박하게 할 수 있는 자들일 것이다.

주기도문에서 '아버지'라는 호칭에 '우리'가 덧붙은 것은 이 기도의 공동체적 성격을 대변해준다. 하나님과 신자들의 관계는 전통적인 가족 개념(혈육)이 아닌 새로운 가족 개념으로 규정된다. "누구든지 하늘에 계신 내 아버지의 뜻대로 하는 자가 내 형제요 모친"(막 3:35; 마 12:50; 눅 8:21)이듯이 이 새로운 공동체 안에서는 모두가 하나님을 '우리의' 아버지로 고백할 수 있다. 바로 이 '우리'라는 말을 통해, 이 기도가 개인의 기도가 아니라 공동체의 기도임이 더욱 분명히 드러난다. 주의 기도는 함께하는 기도이다. 이것이 '너는'이 아니라 '너희는' 이렇게 기도하라고 일러준 이유이다.

더 나아가, 여기에 "하늘에 계신"을 부가한 것은 그 아버지가 혈육관계를 뜻하는 것이 아님을 분명히 해주려는 것이다. "하늘에 계신"의 부가는 아버지의 거룩한 신성에 대한 장엄한 보충의 역할을 한다. "하늘에 계신 우리 아버지"는 하나님을 '우리의' 아버지로 호칭하게 함으로써 하나님에게 드리는 공동의 기도를 찬양과 경배로 시작하게 해준다.

2

"아버지의 이름을 거룩하게 하시오며"

아버지의 이름을 거룩하게 하시오며

이제 첫 번째 탄원이 시작된다. 우선, 첫 번째 탄원에서 생략되어서는 안 될 단어가 '이름을' 앞에 놓여야 하는 '아버지의' 이다. 희랍어에서는 '당신의'(*sou*)로 되어 있는데, 우리말로 당신은 삼인칭 극존칭을 제외하면, 이인칭의 경우에서는 존칭으로는 사용되지 않기 때문에 '당신의' 대신에 '아버지의'라는 단어로 표기되는 것이 적합하다. 우리가 현재 암송하고 있는 주기도문에 이것이 빠진 것은 주의 기도의 생생한 현실을 망각하게 한다. 이 생략 역시 우리나라에서 가장 널리 사용되고 있는 개역판에 그 중요한 단어를 생략했기 때문에 생긴 일이다.

예수 당시 팔레스타인에 가해졌던 로마의 정치적인 박해와 종교적인 모독과 경제적인 착취의 극심한 강도를 고려한다면 이 첫 번째 탄원에 대한 이해가 한결 쉬워진다. 로마의 황제들, 특히 주전 1세기와 주후 1세기의 황제들은 신적인 기원을 갖고 있는 것으로 이해되었다. 그들의 즉위식에는 물론 통치 기간과 임종 시에도 여러 신적인 징조들이 빈번히 나타난 것으로 보도되어 있다.

줄리우스 시저는 자신의 생애에 여러 징조가 나타나는 것을 직접 체험한 것으로 보도되어 있다. 살해되기 직전 그는, 자신이 루비콘 강을 건널 때 그 강에 제물로 바쳤던 일군의 말들이 다시 살아 돌아와 여물 먹기를 완강히 거부하며 슬피 우는 소리를 들었을 뿐 아니라, 살해되던 바로 그날 밤에도 그는 자신이 구름 위로 날아가서 주피터의 손을 잡고 있는 꿈을 꾸었는데, 그 순간 방문이 저절로 열렸던 것으로 보도되고 있다. 한편 마커스 키케로는 자신의 꿈속에서 한 고상한 용모의 소년이 금으로 만든 줄을 타고 하늘로부터 내려오는 것을 보았다고 이야기하면서, 마침 그때까지 사람들에게 전혀 알려지지 않은 아우구스투스가 눈에 띄자 놀라면서 바로 이 소년이 자신이 꿈에 보았던 사람이라고 외쳤던 것으로 기록되어 있다. 결국 아우구스투스는 그 밖의 여러 다른 표징의 도움으로 황제에 오르게 된 것으로 보도되고 있다.

베스파시안 황제는 치유 권능을 지니고 있었던 것으로 묘사되고 있다. 그는 침을 발라 눈먼 사람의 시력을 회복시켜주기도 하고, 한 손 불구자를 그 손을 밟아 고쳐주기도 한 것으로 보도되고 있다. 이러한 종류의 기적 수행은 이 시기에 신적인 권능을 받은 것으로 여겨진 황제들에게는 공통적으로 나타난 능력이었다. 도미티안 황제는 백성들이 자신을 '주'(dominus)로 부르도록 하는 것에 만족하지 않고 거기에다 '신'(deus)의 지칭을 첨가했다. 그는 지역 총독들의 이름으로 회람용 서신을 작성하였는데, 거기에는 "우리의 주요 신께서 이것을 시행하도록 명하고 있다"라는 구절을 덧붙였다. 물론 여기서 '주'와 '신'은 자신에 대한 칭호로 사용하였다.

따라서 신적인 기원을 갖고 있는 것으로 여겨진 이들 황제들의 이름은 백성들에게는 경외와 두려움의 대상이 되었다.

물론 이들 밑에서 권력의 큰 몫을 할당받은 헤롯 안티파스와 같은 유대 왕들의 이름 역시 공포의 대상이었다. 누가는 헤롯 안티파스가 예수를 죽이려고까지 한 것으로 보도하고 있다. 그러나 예수는 그 왕을 "그 여우"라고 지칭하면서 자신의 활동을 멈추지 않겠다는 결의를 보여준 것으로 그려져 있다. "너희는 그 여우에게 가서 이 말을 전하라. 보라, 오늘과 내일은 내가 귀신을 쫓아내고 병을 고칠 것이요 사흘째 되는 날에 나의 일을 완전히 이룰 것이다. 그러나 오늘과 내일과 그 다음날도 나는 내 길을 가야 하겠다"(눅 13:32-33).

이러한 위협적인 정치적 상황에 대한 굽힐 줄 모르는 예수의 과격한 반응을 염두에 둔다면 당신의 이름의 의미가 더욱 생생하게 되살아난다. 곧 로마 황제의 이름이 아니라, 로마 총독 빌라도의 이름이 아니라, 유대 왕 헤롯 안티파스의 이름이 아니라, "아버지의 이름"이 거룩히 여김을 받게 해달라는 것이다. 권력이나 가졌다고 백성들을 함부로 다루는 그런 황제들의 이름 말고, 마땅히 인간이면서 신으로까지 추앙된 그런 거짓 이름 말고, 오직 '아버지의' 이름을 거룩하게 해달라는 것이다. 백성들의 생명을 마음대로 죽일 수도, 살릴 수도 있었던 그 무서운 이름 말고, 하나님의 이름이 거룩히 여김을 받게 해달라는 뜻이다.

고대인에게 이름은 세력 그 자체였다. 적의 이름을 아는 자는 그 이름을 판자 위에 써놓고 그 판자를 쪼갬으로써 그 행위를 적을 파괴하는 상징으로 사용했다. 곧 한 사람의 이름을 안다는 것은 그 사람 자신을 아는 것을 뜻했다(창 32:28-29). 아버지의 이름이 거룩히 여김을 받게 해달라는 것과 아버지 자신이 거룩히 여김을 받게 해달라는 것은 동일한 내용이 된다. 구약과 신약에서 하나님의 이름은 "거룩한 분"으로 나타난다(사 40:25; 계 4:8). 그러나 그 거룩한 이름은 인간들에 의해 늘 모독된다. 그 모독은 우리의 신앙생활 깊숙한 곳에서, 심지어 예배드릴 때에도 우리가 숙지 못하는 동안에 일어나기도 한다. 가령, 찬송을 부를 때 하나님의 이름 대신 다른 이름이 거룩히 여김을 받기도 한다.

찬송가 〈어머니의 넓은 사랑〉을 보면 어머니의 모범적이고도 정성스러운 신앙생활의 모습을 노래하고 있다. "어머니의 넓은 사랑 귀하고도 귀하다 그 사랑 언제든지 나를 감싸줍니다. 내가 울 때 어머니는 주께 기도드리고 내가 기뻐 웃을 때에 찬송 부르십니다. 온유하고 겸손하며 올바르고 굳세게 어머니의 뜻 받들어 보람 있게 살리라." 결국 이 가사를 자세히 살펴보면, 처음부터 끝까지 주님이 아니라 어머니에 초점을 맞추고 있다. 어머니의 사랑이 아무리 훌륭해도 그것은 결코 찬송의 대상이 될 수는 없는 것이다. 찬송가 곡 선정 위원들이 실수로 이런 곡을 찬송가에 집어넣었다. 그러나 이런 종류의 곡은 어머니의 뜻을 기리는 좋은 종교곡이나 훌륭한 노래는 될 수 있을지언정, 찬송은 될 수 없다. 하나님을 찬양하는 시간에 하나님의 뜻이 아니라 "어머니의 뜻 받들어" 살아가겠다고 목소리를 모으는 것은 빗나간 것이다. 가령, 가정의 달에 널리 애창되는 "나실 때 괴로움 다 잊으시고 기르실 때 밤낮으로 애쓰시는"이라는 가사의 어머니 노래가 아무리 가슴 뭉클한 훌륭한 곡이라 해도 찬송가로 편입될 수는 없는 것과 같은 이치이다. 결국 〈어머니의 넓은 사랑〉이 진정한 의미에서 찬송가가 되려면 귀한 어머니가 아니라 그 귀한 어머니를 허락하신 "주님"에게로 초점이 이동되도록 가사가 전면 수정되어야 할 것이다. 경배 받아야 하는 존귀한 이름은 어머니가 아니라 하나님이기 때문이다.

〈사철에 봄바람 불어 잇고〉도 작사자의 생각이 다소 혼란되어 있는 노래라 할 수 있다. "사철에 봄바람 불어 잇고 하나님 아버지 모셨으니 믿음의 반석도 든든하다 우리 집 즐거운 동산이라 고마워라 임마누엘 예수만 섬기는 우리 집." 여기서도 초점이 주님이 아니라 "우리 집"에 맞추어져 있기 때문에, 이곡 역시 좋은 가정 곡이 될 수는 있어도 적어도 예배할 때 찬송으로 사용될 수는 없는 곡이다. 예배는 하나님, 예수 그리스도, 성령을 찬양하는 행위이다. 예배는 주님을 예배하는 것이지, 인간이나 어머니나 가정을 예배하는 것이 아니기 때문이다. 무엇이든지 그것이 주님보다 높은 위치에 있을 때, 또는 주님 외에 다른 그 어떤 것을 찬양할 때 우리는 그것을 우상숭배라 한다. 거룩히 여김을 받아야 할 이름은 하나님뿐이기 때문이다.

주기도문은 하나님의 이름을 거룩하게 해달라는 탄원으로 시작한다. 이 시작은 다른 기도의 방향을 제어한다. 근본적으로 기도는 하나님의 이름을 높이고 그 거룩한 이름 앞에서 자신의 죄인됨, 자신의 초라함을 고백하는 일로 시작한다. 스스로를 의롭다고 생각하는 사람은 하나님께 기도드릴 수 없다.

따라서 하나님의 거룩한 이름을 찬양하는 것과 자신의 왜소함을 철저히 인정하는 일은 한 동전의 양면과도 같다. 모든 미사곡은 '주님, 우리를 불쌍히 여겨주옵소서' 하고 고백한 후 곧바로 주님의 '영광'을 찬양하는 순서로 되어 있는데, 이는 결코 우연이 아니다.

하나님 앞에서 피조된 인간은 그 누구도 떳떳하거나 당당할 수 없다. '우리는 무익한 종입니다'라는 고백은 결국 '우리 삶의 주인은 우리가 아닙니다'라는 고백과 맥락을 같이 한다. '모든 권리는 오직 당신의 것입니다'라는 고백과 뜻이 같다. 사실 모든 것의 주인이 하나님이라는 자각이 철저해질 때, 그때에만 하나님의 거룩한 이름을 찬양할 수 있다. 삶이 이런 자각에 따라 움직일 때 삶은 하나의 축복이 된다. 그러나 나의 이름을 높이고 싶어질 때에는 찬양이 사라진다. 사람이 욕심에 사로잡히면 하나님의 이름보다 자신의 이름을 높이게 되고, 이내 자신의 피조성과 제한성을 망각하게 된다. 이럴 때는 내 삶의 주인이 하나님이 아니라 내 욕심이 된다. 욕심으로 출렁이는 한 찬양과 기도가 사라진다.

욕심이 사람을 지배하는 한 사람은 언제까지나 기도다운

기도를 드릴 수 없다. 나의 욕심을 채워달라는 것이 기도인가? 아니다. 언제 예수가 자신의 욕심을 채워달라고 기도했는가? 오히려 자신의 뜻을 포기하고 아버지의 뜻을 받아들이겠다고 하지 않았는가? 바울도 처음에는 가시가 자신에게서 떠나가기를 간구하였으나, 내 은혜가 네게 족하다는 응답에 순종하지 않았는가? 욕심을 줄이면 기도의 내용이 순수해진다. 내 욕심에 집중하는 한 하나님의 거룩한 이름은 우리의 시야에서 멀어지게 될 것이다.

예수가 한번은 오천 명을 먹인 뒤, 즉시 배를 타고 앞서 건너편 벳새다로 간 일이 있다. 그 이유를 마가는 이렇게 설명한다. 곧 "예수께서 무리와 작별하신 후에 기도하러 산으로 가셨다. 저물매 배는 바다 가운데 있고 예수는 홀로 뭍에 계셨다" (막 6:46-47). 예수는 분주한 일정 속에서도 기도하기 위해 따로 시간을 가졌다는 것이다. 홀로 있으면서 마음의 쉼을 얻었다는 이야기이다.

사실, 분주한 우리의 일정 중 많은 부분이 하나님의 거룩한 이름보다는 우리의 욕심과 관련되어 있지 않은가? 분주한 하루의 일정 속에서 잠시 마음의 휴식을 위해 기도하면서 우리 자신을 돌아보는 순간이 필요하지 않겠는가? 파스칼은 "인간의 불행은 휴식할 줄 모르는 데에 있다"고 갈파한 적이 있다. 버트란트 러셀도 소위 "목적론적 휴식"을 비판한 적이 있다. 곧, 휴식할 때조차도 일을 위해 휴식한다는 것이다. 이런 식의 생각이 지배하는 사회에서는 결국 소모적인 일에 자신을 낭비하기 쉽다고 경고한 바 있다.

시인 류시화 씨가 인도 여행을 하면서 한 인도인에게 이렇게 물었다고 한다. "당신들은 왜 부지런히 일하지 않는가?" 그러자 그 인도인이 이렇게 대답했다고 한다. "당신들은 왜 쉬지 않는가?" 우리가 인도인들처럼 산다는 것은 현실적으로 불가능할 것이다. 그러나 일만 하면서 달려가는 우리의 삶에 잠시 틈을 내어 우리를 성찰한다는 것은 오히려 우리의 삶의 질을 한결 높여줄 것이다. 예수는 자신이 직접, 사천 명, 오천 명씩 먹이시고, 병자를 고쳐주시는 바쁜 일과 속에서, 잠시 눈을 들어 공중의 새를 보고, 들의 백합화를 보았다.

연세대학교가 배출한 한국의 대표적인 시인 윤동주의 〈별 헤는 밤〉의 한 구절을 보자. "계절이 지나가는 하늘에는 가을로 가득 차 있습니다. … 별 하나에 추억과 별 하나에 사랑과 별 하나에 쓸쓸함과 별 하나에 동경과 별 하나에 시와 별 하나에 어머니, … 나는 별 하나에 아름다운 말 한 마디씩 불러봅니다."

한 사람이 주로 무엇을 생각하고 있는지를 알아보려면, 그 사람이 주로 무슨 어휘를 사용하는지를 눈여겨보면 알 수 있다. 윤동주가 주로 사용한 어휘들은 아주 맑고 깨끗한 것들이었다. 괴로움, 아픔, 부끄럼, 신앙, 예수, 십자가, 비둘기, 토끼, 노새, 노루, 프랑시스 짬, 라이너 마리아 릴케, 별빛, 겨울, 봄, 파란 잔디―이것이 윤동주의 단어들이었다.

우리가 분주한 생활에서 자주 사용하는 단어들로는 아마, 스마트폰, 인터넷, 카카오톡, 크레디트 카드, 스포츠, TV, 영화, 자동차, 여론, 주식, 부동산 등등이 높은 빈도수를 차지할 것이다. 이러한 단어 없이는 살아가기 힘들 것이다. 그러나 동시에 이러한 단어들만 갖고는 살 수 없는 것이 인간이 아닌가? 곧, 이러한 단어들과 함께, 윤동주가 사용한 청정한 어휘들이 또한 필요하지 않겠는가?

애당초 본질적인 삶의 모습은 비어 있는 것이다. 그렇게 비어 있는 모습이 두렵기 때문에, 우리는 그 속을 이것저것으로 채우려 한다. 그러나 욕심 사나운 활동의 결과들이 그 속을 채울 수는 없다. 오히려 그것들은 나의 빈 모습을 숨기기 위한 벽을 쌓는 일에 불과하다. 부와 명예, 권력과 신분에 따라 어떤 사람은 금벽을 쌓고 어떤 사람은 흙벽밖에는 쌓지 못할 것이다. 그러나 아무리 쌓아도, 그것은 여전히 우리 밖의 벽일 뿐, 우리의 속은 비어 있게 마련이다. 빈 상태, 거기에서는 궁전과 오막살이의 벽이 사라진다. 금벽과 흙벽의 차이가 사라진다. 형체를 찾아다니는 것이 무의미한 것은 바로 이 때문이다. 우리의 노력을 통해 우리의 비어 있는 삶을 채울 수 있으리라는 생각은 하나의 환상에 불과하다. 우리의 빈 상태는 그 무엇으로도 채울 수 없을 뿐 아니라, 채우려고 해서도 곤란하다.

원래 인간은 빈 모습으로 창조되었다. 빈 것이 본래적인 모습이다. 시편 90편은 이러한 사정을 훌륭한 감각으로 그려내고 있다. "주께서 사람을 티끌로 돌아가게 하시고 말씀하시기를 너희 인생들은 돌아가라 하셨사오니 … 저희는 잠깐 자는 것 같으며 아침에 돋는 풀잎 같아, 저녁이 되면 벤 바 되어 마르나이다." 그러나 인간은 이 빈 상태를 거부하고, 벽에 집착한다. 행복하기보다는 행복하게 보이려고 더 애를 쓴다. 어떤 사람은 그 벽이 환상인 줄 모른 채 집착하고, 어떤 사람은 환상에 불과한 줄 알면서도 여전히 집착한다. 그래서 인간은 어리석다고 하는 모양이다. 그것이 그 시편 기자가 "우리에게 우리의 남은 날을 계산하게 하사 지혜의 마음을 얻게 해 달라"고 간구했던 이유였을 것이다.

기도란 소리 높여 우리의 욕심을 하나님이 듣게 하도록 하려는 것이 아니라, 거룩한 하나님의 세미한 소리를 우리가 들으려는 것이다. 열왕기상 19장에 보면, 크고 강한 바람 속에도, 지진 속에도, 불 속에도 주님께서 계시지 않았다. 그것들이 다 지나간 후에, 하나님의 세미한 소리가 들렸다는 것이다. 우리의 이름을 너무 크게 쓰면 하나님의 거룩한 이름은 가리어지게 될 것이다. '하나님, 이렇게 해주십시오', '저렇게 하시면 안 됩니다' 하고 기도하는 경우가 종종 있다. 마치 하나님이 좀 더 현명해지라고 하나님을 가르치는 셈이 아닌가? '하나님, 이 사람 좀 봐주세요', '저 사람은 왜 돌보아 주시지 않습니까?' 마치 하나님이 무얼 잘못하고 계셔서 그분을 꾸짖는 꼴이 아닌가?

기도는 욕심이 포기되고 우리의 시선이 우리의 주인인 하나님을 향할 때 가능하다. 다시 말하면, 애당초 우리의 것은 없다는 자각이 기도의 기본 전제가 된다. 이런 점에서 기도는 감사와 동의어로 분류될 수 있다. 우리가 갖고 있는 모든 것이 우리의 것이 아니라 하나님의 것이라는 자각이어야 사소한 것에 대해서도 감사 기도를 드리고 싶은 심정이 솟구치게 될 것이다. 사실 애당초 우리의 것이라고 주장할 만한 것은 아무것도 없다. 모든 것은 은혜로 주어진 것이기 때문이다.

거룩히 여김을 받아야 할 이름은 하나님의 이름, 오직 그 이름뿐임을 강조하는 주기도문의 첫 번째 탄원은 우리가 피조물이라는 자각에서 모든 기도를 시작하도록 우리에게 뚜렷한 지침을 준다. 자신이 자신의 삶에 대해 권리를 갖고 있다는 생각에서 벗어나지 못하는 한 우리는 기도다운 기도를 드릴 수 없게 될 것이다. 밥이 제 그릇 속에 담겨 있을 때는 귀한 것이지만, 식탁 위에 붙어 있는 밥풀이나 얼굴 위에 붙어 있는 밥풀은 더러운 것이다. 똑같은 밥풀이라도 제 위치를 지키지 않는 밥풀은 추하게 보인다. 기독교적 용어로 표현하면 하나님 앞에서, 자신의 피조성을 철저히 자각하지 못하고, 자신의 분수와 위치를 넘어서려고 하는 인간은 추한 인간이 될 것이다.

왜 바리새인의 기도가 거부되고 세리의 기도가 받아들여졌는가? 세리는 하나님 앞에서 자신의 작음을 확인하는 데서 출발했다. 세리는 멀리 서서 감히 눈을 들어 하늘을 우러러 보지도 못하고 다만 가슴을 치며 가로되 "하나님, 불쌍히 여겨주십시오. 나는 죄인입니다." 반면, 바리새인은 자신의 큼을 자랑하는데서 출발했다. "하나님, 감사합니다. 나는, 토색하는 자나 불의한 자나 간음하는 자 같은 다른 사람들과 같지 않으며, 또는, 이 세리와도 같지 않습니다. 나는 이레에 두 번씩 금식하고, 내 모든 소득의 십일조를 바칩니다"(눅 18:11-12). 여기에는 하나님의 거룩한 이름이 들어설 자리가 없다.

우리가 욕심과 관련된 말을 줄이면 주님의 세미한 소리가 서서히 들리기 시작할 것이다. 주기도문의 이 첫 번째 탄원뿐 아니라, 다른 어떠한 탄원들도 욕심을 부추기는 항목은 없다. 하나님과의 대화를 하기 위해 준비해야 할 것이 있다면 바로 그 빈 마음이다. 우리가 욕심을 비우면 갑자기 마음의 종소리가 울리기 시작할 것이다. 우리의 이름을 높이고 싶은 욕심을 줄일수록 주님의 거룩한 이름은 보다 뚜렷이 부각될 것이다.

그렇다면 주기도문의 첫 번째 탄원에서 하나님의 이름이

거룩히 여김을 받게 해달라고 할 때 거룩하게 하는 그 주체는 누구인가? 우리가 그 이름을 거룩하게 한다는 것인가? 아니다. 거룩하게 하는 주체 역시 하나님이다. "내가 이렇게 행함은 … 너희가 들어간 그 열국에서 더럽혀진 나의 거룩한 이름을 위함이라. 열국 가운데서 더럽힘을 받은 이름, 곧 너희가 그들 중에서 더럽힌 나의 큰 이름을 내가 거룩하게 할지라. 내가 그들의 목전에서 나의 거룩함을 나타내리니, 열국 사람이 나를 여호와인 줄 알리라. 나 주 여호와의 말이니라"(겔 36:22-23). 우리는 우리의 이름을 높이려는 욕심을 비우고, 아버지의 이름을 높이려고 애써야 한다. 그러나 우리가 높이려 한다 해서, 곧 우리의 노력으로 그 이름이 거룩해지는 것은 아니다. 이 점에 대한 인식이 분명하지 않다면 우리는 또다시 우리의 제한성을 망각하는 셈이 될 것이다. 결국 아버지의 이름이 거룩해지는 결과는 하나님 자신의 주도에 의해서만 가능하다.

요한복음은 이 점에 대해 좀 더 분명한 판정을 내릴 수 있도록 도와준다. 예수는 이렇게 기도한다. "아버지, 아버지의 이름을 영광스럽게 하옵소서." 이때 하늘에서 이런 소리가 난 것으로 보도된다. "내가 이미 (내 이름을) 영광스럽게 하였고, 또 다시 영광스럽게 하리라"(요 12:28). 여기서 영광스럽게 하는 주체가 아버지임이 분명히 드러난다.

주기도문의 첫 번째 탄원을 이러한 차원에서 이해한다면, 결국 그 탄원은 **아버지의 이름이 아버지의 힘에 의해** 거룩히 여김을 받게 해달라는 것이 된다. 이것을 놓치면 이 탄원의 핵심 중 큰 부분을 잃는 셈이 될 것이다.

3

"아버지의 나라가 임하게 하시오며"

아버지의 나라가 임하게 하시오며

두 번째 탄원에서도 첫 번째 탄원과 마찬가지로 나라 앞에 '아버지의'가 붙어야 그 뜻이 생생해진다. 단순히 '나라'라고만 하면 그 나라가 어떤 나라인지 모호해진다. 그 나라는 '아버지의' 나라, 곧 하나님의 나라이다. 하나님의 나라라 할 때 '나라'(*basileia*)는 무엇을 뜻하는가? 그것의 희랍어가 '통치' 또는 '지배'를 뜻하고 있기 때문에, 하나님의 나라는 하나님의 통치 또는 하나님의 지배로 바꾸어 쓸 수 있다. 곧 '하나님의 나라'에 대한 번역으로 영어의 'kingdom of God'은 다소 거리가 있고 오히려 'reign of God'이나 독일어의 'Gottesherr-schaft'가 좀 더 적절하다고 할 수 있다.

하나님의 통치는 그 주체가 하나님이다. 인간은 그 통치의 도래를 앞당길 수도 없고 뒤로 미룰 수도 없으며, 다만 그 도래를 위해 준비할 수 있을 뿐이다. 하나님의 통치에 관한 간결한 비유들 중 겨자씨 비유(막 4:30-32; 마 13:31-32; 눅 13:18-19)를 보면, 하나님 나라의 이러한 성격이 잘 드러나 있다. 하잘 것없는 시작과 인간의 상상을 넘어선 엄청난 마지막을 극적으로 대조시키고 있는 이 비유는 이미 "마지막"이 "시작" 속에 담겨 있다는 것을 강조한다. "땅 위의 모든 씨보다 작은" 씨가 "공중의 새들이 그 그늘에 깃들일 만큼" 큰 나무가 된다. 곧 이 비유는 놀라운 마지막이 시작에서부터 이미 뚜렷하게 확인되도록 고안되어 있다.

하나님의 나라의 시작은 너무 미미하여 세상(외부) 사람들은 이를 감지할 수 없다. 오직 예수의 추종자들만이 그 비밀을 만끽할 수 있도록 초대된다. "하나님 나라의 비밀을 너희에게는 주었으나 외인에게는 모든 것을 비유로 하나니 이는 저희로 보기는 보아도 알지 못하며 듣기는 들어도 깨닫지 못하게

하여 돌이켜 죄사함을 얻지 못하게 하려는 것이다"(막 4:11-
12; 마 13:10-17; 눅 8:9-10). 여기서 예수는 내부인과 외부인
을 대조해놓고 하나님의 나라는 오직 내부인들만이 알아차릴
수 있도록 비밀스럽게 전개되어간다는 것을 강조하고 있다.
외부인들에 의해 냉소와 멸시를 받고 있는 내부인(예수 추종
자)들이야말로 외부인들에게는 숨겨져 있는 하나님 나라의
비밀을 이해할 수 있는 특권을 소유하고 있다는 것이다.

사회적인 고정관념에 따라 스스로 내부인으로 자처했던
자들이 외부인의 처지로 갑자기 격하되고, 그들에 의해 경멸
당했던 자들이 예수에 의해 '내부인'의 위치로 격상되고 있다.
하나님의 통치가 반드시 오고야 만다는 확신, 아니 그 통치는
이미 소리 없이 시작되고 있다는 확신이 예수의 선포의 핵이
다. 예수는 그 확신을 주기도문의 두 번째 탄원을 통해 자신의
추종자들에게 심어주고 있다. 절망적으로 보이는 작은 시작
속에서 이미 커가고 있는 영광스러운 결과를 보라는 것이다.
하나님의 통치의 시작이 외부인들의 눈에 쉽게 띄지 않기 때
문에 오히려 기뻐하라는 것이다.

그 나라는 이미 시작되었다. 예수가 제자들을 보내는 것은

파종하기 위해서가 아니라 추수하기 위해서이다. 밭은 희어져 추수하게 되었다는 것이다(요 4:35). 추수할 것이 많으나 일꾼이 적으니 추수할 주인에게 청하여 추수할 일꾼을 보내달라고 간청하라는 것이다(마 9:37-38). 이러한 사정은 무화과나무의 짧은 비유에서도 드러난다. 그 가지가 연하여지고 잎사귀를 내면 여름이 가까워진 줄 아는 것처럼 이런 일이 일어나는 것을 보거든 인자가 문 앞에 서 있는 줄 알라는 것이다(막 13:28-29).

문 앞에 서 있는 예수는 하나님의 구원 계획을 수행한다(눅 2:49; 4:43). 바로 이사야의 예언이 예수를 통해 이루어진다(눅 4:21; 24:44). 모든 기대와 희망과 약속이 예수를 통해 성취되기 시작했다. 구원의 때에는 눈 먼 사람들이 보게 되고, 저는 사람들이 걷게 된다는 옛 예언이 예수의 활동을 통해 지금 눈앞에서 이루어지고 있다(눅 7:22-23). 그러나 예수의 활동은 나병환자들을 깨끗하게 하고, 죽은 자들을 소생시키는 일을 포함하고 있다는 점에서 이사야의 예언을 능가한다(눅 7:22). 지금까지 소멸되어왔던 옛 예언자들의 소망이 되살아날 뿐 아니라 확대된다. 가난한 사람들이 기쁜 소식을 듣고,

감옥의 문이 열리고 눌린 사람들은 자유의 숨을 내쉬고, 눈 먼 순례자들은 빛을 본다.

예수의 취임 설교의 마지막 부분에 나타난 그의 활동의 목적 중 하나는 "주의 은혜의 해"를 선포하는 것이다. 은혜의 해를 맞이하면 노예들이 해방되고 빚들이 탕감된다(레 25:10). 은혜의 해에 대한 예수의 언급은 구원의 때의 도래에 관한 선언이 된다. 예수는 그 예언이 "오늘" 이루어졌다고 강조한다(눅 4:21). 따라서 "오늘"이 구원의 때이다(눅 2:11; 19:9; 23:43).

하나님의 나라에서는 "자색 옷과 고운 베옷을 입고 날마다 호화로이 잔치를 베푼"(눅 16:19) 부자가 거부되고, "그 부자의 상에서 떨어지는 것으로 배불리려 한"(눅 16:21) 거지가 받아들여진다. 만찬의 비유(눅 14:12-24)에서도 먼저 초대를 받은 사람들이 거부되고, "가난한 자들과 병신들과 소경들과 저는 자들"(눅 14:21)이 그 잔치를 맛보게 된다. "지금" 가난한 사람, 배고픈 사람들에게는 하나님의 나라와 배부름이 약속된다(눅 6:20-21). 반면 "지금" 배부른 사람들과 웃는 사람들에게는 굶주림과 애통이 선고된다(눅 6:25). 하나님의 통치는 구원자 예수를 통해 시작되었다. 구원의 때는 왔다. 그 결정적인 표지들이 전조로 제시된다. 죽음은 자는 것이 되고(막 5:39), 죄의 용서가 약속된다(막 2:5). 사탄은 번개처럼 땅 위에 떨어지고(눅 10:18), 더러운 영들은 쫓겨난다(눅 11:20). 사탄에게 결박된 자는 자유 함을 얻고(눅 13:12, 16), 강한 자는 결박된다(막 3:27). 하나님의 통치가 시작되었기 때문이다. 인간적인 그 어떠한 방해도 결실을 향한 그 과정과 속도를 늘리거나 줄일 수 없다. 인간은 다만 준비하며 기다릴 뿐이다. 그것은 인간의 통치가 아니라 하나님의 통치이기 때문이다.

하나님의 통치와 인간의 통치는 서로 용납될 수 없다. 예수는 로마제국의 세속적인 지배자들과 대결한다. 예수는 로마제국의 제의물을 "황폐케 하는 가증한 것"(막 13:14; 마 24:15)이라는 통렬한 말로써 명명한다. 해석자는 당시 저자와 당시 독자 사이의 공동의 근거로 가정된 것에 관심을 갖는다. "멸망의 가증한 것"이라는 이 문구는 당시의 독자들에게 주전 168년 안티오쿠스 에피파네스가 성전에 세운 이교도의 제단을 회상하게 한다. 이것은 다니엘 9장 27절과 11장 31절, 그리고 12장 11절에 언급된 "번제의 제단 위에 있는 멸망의 가증한 것"(마카비상 1:54)이다. 만일 로마제국이 이 문구를 판독할 수 있었다면 그것은 제국에 대한 강한 반역으로 이해되었을 것이다. 그러나 예수는 상징적인 언어를 사용한다. "들을 귀 있는 자는 들어라"(막 4:23). 여기서 예수의 상징적인 언어는 정치적인 지배자들과 대결하는 입장의 첨예한 위치를 완화하려는 데 의도가 있는 것이 아니라, 그들을 당혹스럽게 하려는 데 있다. 그들이 들을 수 있더라도 인식하지 못하게 하기 위함이다.

이와 비슷한 태도가 납세의 문제에 대한 예수의 언급에서도 발견된다(막 12:13-17;마 22:17-21; 눅 20:22-25). 바리새인들과 헤롯당들은 "예수의 말씀을 책잡으려 하여"(막 12:13) 예수에게 왔다. 그들의 질문은 자신들이 로마의 황제 가이사에게 세금을 지불해야 하는지의 여부에 관한 것이었다. 예수는 평가절하되거나 위험에 처할 수 있었다. 긍정적인 답변은 질문한 사람들의 감정을 상하게 하고, 부정적인 대답은 로마권력의 감정을 거슬리게 하는 것일 수 있다. 마가의 예수는 데나리온 하나를 요구한다(15절). 데나리온은 멀리 떨어져 있는 가울(Gaul)에서만 주조되는 로마의 동전이었고, 이것은 로마의 군대들에게 지불하는 용도로 사용되곤 했다. 데나리온은 로마인들 및 이들과 동역하는 부유한 자들이 사용했다. 데나리온은 일반인들에게는 보기 드문 동전이었다. 하지만, 그들은 로마와 동역하는 자들의 동전이 상징하고 있는 바를 잘 알고 있었다. 데나리온은 면세 특권을 받은 상위 계층들의 멤버들과 점령된 이스라엘의 지배귀족이었던 대제사장들이 사용한 동전이었다.

데나리온을 가져왔을 때, 예수는 그것에 담겨 있는 초상과 명각이 누구의 것인지를 질문한다. 오직 가능한 대답은 '가이사의 것'이다. 유대의 율법은 성전에서 어떠한 초상이 존재하는 것을 금한다. 데나리온에 새겨진 문구는 "대제사장, 신 아우구스투스의 아들, 티베리우스 가이사"였다. 예수는 이렇게 말한다. "가이사의 것은 가이사에게, 하나님의 것은 하나님께 바치라"(막 12:17; 마 22:21; 눅 20:25).

가이사(황제)의 세계는 하나님의 세계와 첨예하게 대조된다. 이 두 세계는 마가에게는 구별된 영역들이다. 묵시적인 세계관에서는, 민족의 적들이 우주적인 악의 세력들을 위한 대리자들로 여겨지고, 악의 세력들의 패배는 신적인 개입에 의해서 성취되는 것으로 이해된다. 성전 안으로 가이사의 초상들과 표어들을 가져오는 사람들, 곧 악한 세계에 속해 있는 그 사람들은 가이사에게 그가 요구하는 것을 바쳐야 한다. 그러나 신들이라고 주장하는 사람들의 초상들로 성전을 더럽히는 것을 거부하는 믿는 자들, 곧 하나님의 세계에 속한 믿는 자들은 삶의 모든 것을 하나님에게 바쳐야 한다.

언뜻 보면, "가이사에게 바치라"는 말은 세금을 지불하도록 독려하는 것처럼 보인다. 그러나 예수는 청중이 이 말을 통해 또 다른 이해의 수준에서, 가이사에 대한 세금의 지불을 거절하는 뜻이 함축된 것으로 감지하도록 의도한다. 가이사에게 바치라는 것은 예수의 답변에서 작은 일면에 지나지 않는다. 강조의 모든 무게는 하나님께 바치는 것에 있다. 예수가 두 대조적인 논점을 제시할 때마다, 그의 의도는 대립하는 논점들 모두를 수용하려는 것이 아니라, 하나는 강조하고 다른 하나는 경시하려는 것이다. 의인들은 죄인들을 강조하기 위해서 소개되었다(막 2:16-17). "손으로 짓지 않은" 성전을 강조하기 위해서, "손으로 지은 성전"이 제시되었다(막 14:58).

따라서, "가이사에게 바치라"는 말은, 두 가지 측면에서 이해할 수 있다. 좀 더 깊은 측면에서, 이 말은 그 바침에 대한 거절을 표현하는 것으로 보인다. 예수가 하나님의 세상을 강조하기 위해서, "가증한 것들"로 상징되는 가이사의 세상을 소개할 때, 가아사의 세상을 인정한다는 뜻은 아니었기 때문이다. 동시에, 표면적인 측면에서, 이 말은 가이사에게 세금을 바치라고 독려하는 것으로 보일 수 있다. 가이사에게 바치는 것에 대한 노골적인 거절은 좀 더 정치적인 긴장을 자극할 수 있었다. 왜냐하면, 주후 1세기 당시 로마는 모든 크리스천을 민족주의적 투쟁가들인 젤롯당과 함께 다루려고 했기 때문이다.

결국, 심지어 후자의 측면에서 보더라도, 가이사에게 세금을 바치라는 것은 원칙의 문제가 아니라, 예수의 추종자들이 로마제국으로부터의 임박한 정치적인 핍박에서 생존할 수 있는, 일시적인 전략의 문제로 독려된 것이다.

하나님 나라(통치)는 로마 황제의 통치와 대립된다. 주기도문의 이 두 번째 탄원은 로마 황제의 통치가 아니라, 하나님의 통치를 기원하라고 가르치고 있다. 이것은 당대 사람들에게는 상상하기 힘든 폭탄선언이었다. 왜냐하면 하나님의 통치가 임하게 해달라는 것은 황제의 통치에 대한 거부를 전제하고, 황제의 통치를 상대화하는 선언이었기 때문이다. 따라서 이 탄원을 단순히 "나라이 임하옵시며"라고 하면 그 뜻이 반감된다. 더구나 잘못 발음해서 "나라에 임하옵시며"가 되면 이는 전혀 다른 것이 된다. 나라 앞에는 "아버지의"가 붙어야 하고, 나라 뒤에는 '에'가 아니라 '가'가 붙어야 이 탄원의 깊은 뜻이 되살아날 것이다.

한편, 하나님의 나라는 종교적으로는 유대교 성전과 대립된다. 유대교 성전을 상징하는 무화과나무에 대한 예수의 저주 이야기(막 11:12-14; 병행)와 소위 성전 청결 이야기(막 11:15-17; 병행)가 이 대립을 극명하게 보여준다. 우선, 무화과나무에 대한 예수의 저주 이야기에서에서 문제가 되는 구절이면서 결정적인 의의를 지니고 있는 것은 "이는 무화과의 때가 아님이라"(막 11:13)라는 구절이다. 무화과의 때가 아니라면 열매가 없는 것은 당연한데 예수는 그것을 저주했다. 예수는 왜 때가 아닌 무화과나무를 저주했는가? 이 저주는 정당하지 않은 것이 아닌가? 마가 기자는 **인간의 일상적인 '때'**(*chronos*)와 **하나님의 결정적인 '때'**(*kairos*)를 구분한다. 여기서 무화과의 "때"는 계절을 나타내는 용어가 아니라, 하나님의 "때"를 나타내는 용어 '카이로스'이다. "때가 찼고, 하나님의 나라가 가까웠다"(막 1:15)고 할 때의 바로 그 "때"이다. 인간의 때를 나타내는 '크로노스'는 가령 "어릴 때부터"(막 9:21; 2:19 참조)와 같은 일상적인 것들과 관련되어 있으나, 무화과의 "때"는 그것들과는 구별되고 있다. 따라서 이 '카이로스'를 영어 개역 표준판(RSV)에서 "season"으로 번역한 것은 명백한 오역이라 할 수 있다.

사람들은 무화과나무로 상징되는 성전으로부터는 "영원토록 열매를 따먹지 못할" 것으로 예고된다(막 11:14). 이스라엘 민족의 신앙 공급처는 이제 그 기능이 중단된다. 결국 이 사건은 소위 성전 청결사건, 보다 정확히는 '성전 무효화 사건'(막 11:15-17)과 곧바로 연결된다. 여기서 예수는 성전에 들어가서, 성전 뜰 안에서 팔고 사고하는 사람들을 내쫓으면서 돈을 바꾸어주는 사람들의 상과 비둘기를 파는 사람들의 의자를 둘러엎었다.

그 후 예수는 이렇게 선언했다. "아무나 기구를 가지고 성전 안으로 지나다님을 허락하지 아니하셨다." 여기서 기구(*skenē*)는 단순한 물건이 아니라, 제사용 기구를 뜻한다. 곧 성전의 제사 기능을 중단시켰다는 뜻이다. 성전을 상징하는 무화과나무는 바로 그 다음 장면에서 '뿌리째'(막 11:20) 말라버린 것으로 보도되고 있다. 성전은 "돌 하나도 돌 위에 남지 않고 다 무너뜨려질 것"(막 13:2)으로 예고된다. 그 대신 성전과 대치되는 것으로 믿음, 기도, 용서 등이 강조되고 있다. 성전이라는 공간이 아니라 하나님의 나라(통치)라는 시간이 중요해졌다. 장소가 아니라 때가 중요해졌다.

요한복음 4장에 나오는 예수와 사마리아 여인과의 대화 내용도 바로 이러한 사상을 명확히 드러내 보여준다. 사마리아 사람들은 그리심 산에 자신들의 성소를 세워놓고 유대인들의 예루살렘 성전에 맞섰다. 하나님께 예배할 올바른 장소가 이 산(그리심 산)이냐, 예루살렘 성전이냐 하고 장소를 아예 타당한 것으로 전제해놓고, 다만 그 둘 중 하나를 가려달라는 사마리아 여인의 물음에 대한 예수의 답변은 이러했다. "이 산에서도 말고 예루살렘에서도 말라. 너희가 아버지께 예배드릴 때가 온다. 지금이 바로 그때이다. … 하나님은 영이시다. 그러므로 하나님께 예배를 드리는 사람은 영과 진리로 예배를 드려야 한다"(요 4:21, 23-24). 결국 요한복음에서도 예수는 장소가 아니라 때가 중요하다는 것을 강조하고 있다. 유대교가 예루살렘 성전을 중심으로 한 공간의 종교, 소유의 종교, 건축의 종교, 장소 확보의 종교, 보이는 종교라면, 그리스도교는 하나님의 때를 중심으로 한 시간의 종교, 믿음의 종교, 역사의 종교, 소망의 종교, 보이지 않는 종교라는 것이다.

따라서 하나님의 나라에 대한 주기도문의 이 두 번째 탄원은 하나님의 통치와 대립되어 있는 이런 정치적 및 종교적 실재들에 대한 분명한 설정이 앞서지 않는다면, 그 생생한 의의가 현격히 감소될 것이다.

아버지의 통치가 임하게 해달라는 이 두 번째 탄원은 현대 교회와 크리스천들에게 어떤 의미가 있는가? 하나님의 통치의 시작은 미미하기 때문에 이를 잘 감지하는 일이 필요하다. 오늘의 교회는 시대의 변화와 그 흐름을 잘 포착하고 이에 적절히 대처해나가는 능력을 키워야 한다. 동유럽의 여러 교회들, 잘츠부르크 대성당, 프라하 성 비투스 성당 등은 그 규모나 예술적 내외관이 보는 사람들을 압도한다. 그러나 그 큰 성당들에 사람들이 모여드는 것은 예배드리기 위한 것이 아니라, 구경하기 위한 것이다. 관광객뿐이다. 그 성당을 지을 때, 몇 백 년 후에 관광 상품으로 삼기 위해 지은 것은 아니었다.

예배드리고 선교하기 위해 지었다. 그런데, 왜 이 거대한 교회들에 관광객만 붐비는가? 왜 유럽의 많은 교회들이 사람은 없어지고, 건물만 남게 되었는가? 그 이유는 교회가 시대의 변화와 그 흐름에 대처하지 못했기 때문이다. 농경 시대나 산업혁명의 시대를 거쳐도 교회는 옛 방식을 그대로 고수했기 때문이다. 심지어 제3의 물결, 제4의 물결이 세상을 바꾸어놓고 있는데도, 교회는 그 변화를 등지고 있기 때문이다.

예수는 이렇게 말했다. "아침에 하늘이 붉고 흐리면 오늘은 날이 굳겠다 하나니 너희가 천기는 분별할 줄 알면서 시대의 표적은 분별할 수 없느냐"(마 16:3). 시대의 표적을 감지하는 일이 필요하다. 오늘의 시대의 특징은 속도의 시대로 요약된다. 빌 게이츠는 세상의 변화 속도에 적응하지 못하는 기업이나, 단체나 개인은 정보화 사회의 미아가 될 수밖에 없다고 말한 적이 있다.

새로운 과학적 발견으로 이전의 지식이 무용지물이 된다. 지금은 인터넷에 접속하려면 해당 주소를 검색창에 쳐 넣으면 된다. 하지만 20년 전에는 인터넷에 접속하는 법을 배우는 데만 한 주가 걸렸다. 그때 배운 접속 요령 지식은 오늘날 무용지물이 아닌가? 15년 전에 전자공학을 전공한 한 교수가 이렇게 말하는 것을 들었다. 자신이 5년 전에 배운 전자공학 관련 지식이 무용지물이 되었다고. 그래서 끊임없이 공부해야 한다고. 얼마 전 그분을 만나 물었다. 요즈음은 어떠하냐고. 그분 대답이 요즈음은 3-6개월 전 지식이 무용지물이라고 했다. 의료진들도 신약 개발과 새로운 의학 지식, 새로운 의료기기들의 발명으로 끊임없이 연구를 하지 않으면 환자를 보기가 어렵게 되어가고 있다.

엘빈 토플러는 『부의 미래』라는 제목으로 번역된 『혁명적 부』라는 자신의 저서에서 새로운 지식의 창출에 주목하면서 특히 수년전 자신이 의대에서 배운, 시대에 뒤쳐진 지식에 의존한 채, 새로운 의학 지식을 배우기에 게으른 일부 의사들 때문에 오늘날 얼마나 많은 환자들이 이중의 고통을 당하는가를 지적하고 있다. 토플러는 기술공학, 생명과학, 우주과학, 인터넷 등의 엄청난 발전 속도로 인해 부의 미래 자체가 혁명적인 변화를 겪을 것을 예고하고 있다.

실제로 인터넷, 휴대폰, 영상매체 등은 이 시대의 지속적인 화두이다. 우리나라 인구의 66%가 인터넷을 하고 있다. 이는 노약자를 제외하면 전 인구가 전자매체를 이용하고 있다는 이야기이다. 20년 전 인터넷이라는 단어 자체가 생소했다. 20년 전의 삶의 양태와 인터넷이 보편화된 지금의 삶의 양태는 하늘과 땅 차이가 되었다.

세상이 가속화되는 인터넷 시간 속에서 사는데, 변화의 속도는 단체에 따라 천차만별이다. 토플러는 9대의 차가 도로 위에 있다고 상정하고 그 차들의 속도를 측정한다. 기업은 시속 100마일, NGO 시민단체 90, 핵가족 60, 노동조합 30, 정부 관료조직 25, 학교 10, 유엔과 국제통화기금(IMF), 세계무역기구(WTO) 5, 경제부국의 정치제도 3, 법 1. 곧 기업과 법은 양극에 놓여 있다. 이 목록에 교회는 빠져 있는데, 세계교회는 과연 몇 마일이고, 특히 한국교회는 몇 마일인가? 토플러는 왜 교회의 속도를 산정하지 않았는가? 아마, 시속 1마일의 법보다 아래인 것은 카운트할 수 없어서인가? 그 이유가 궁금하다.

이 시대는 속도의 시대이다. 속도는 시간과 관련되어 있다. 소위 사이버 공간이라는 것도 과거의 '시간과 공간'이라 할 때의 그 공간은 아니다. 사이버 공간은 엄격히 말하면 일정한 자리를 차지하는 공간이 아니라 시간이다. 수많은 픽셀들이 시간차를 두고 배열되는 시간의 작업으로 나타나는 현상이기 때문이다. 이 시대가 속도의 시대라면 그 속도에 가장 익숙한 층은 젊은이들이다. 일부 교회를 제외하면 대체로 한국의 젊은이들이 교회를 떠나고 있다. 왜 그러한가? 젊은이들의 기호를 교회가 맞추어주지 못하고 있기 때문이다.

교회의 미래는 젊은이들이다. 교회는 젊은이들 중심으로 재편되어야 한다고 생각한다. 가령, 메시지 매니저 기능을 통해 하루에 서너 번씩 교회 소식이나 성경구절을 젊은이들의 휴대폰으로 발송해주는 일부터 시작해야 한다. 설교와 성가만을 동영상으로 제공하는 것이 아니라, 젊은이들이 직접 참여하는 영상 예배를 제작하고 기획하는 데 재정을 투입해야 할 것이다. 젊은이들이 매료되는 영화, 공연을 통한 기쁜 소식 전파에 지속적인 관심을 기울여야 한다.

젊은이들이 교회를 떠나는 현상을 가볍게 여기면 그 미래는 유럽 교회들의 반복이 될 가능성이 높다. 젊은이들이 몰려드는 몇몇 교회들은 인터넷과 영상매체, 속도의 시대에 걸맞은 프로그램들을 제공하는 공통된 특징들을 갖고 있다. 나이든 분들도 시대의 속도를 감지해야 할 의무가 있고, 젊은이들을 위한 광장을 마련해주어야 할 책임이 있다. 다음 세기에 한국교회에 관광객이 아니라, 교회의 미래를 배우려는 젊은이들로 차고 넘쳐야 하지 않겠는가?

라오디게아 교회가 왜 없어졌는가? 하나님이 더 이상 쓰지 않고자 하셨기에 그 교회는 없어진 것이다. 그 교회는 그 시대에 자신들에게 맡겨진 소임을 다하지 못했다. 그리고 사라졌다. 하나님은 그 사명을 다른 교회로 옮기셨다. 촛대를 옮기신 것이다. 두려운 말씀이 아닐 수 없다. 현대 한국의 교회들이 하나님께서 맡겨주신 사명을 두려운 마음으로 충실히 감당하지 못하면 하나님은 그 사명을 다른 나라의 교회로 옮기실지도 모른다. '있을 때 잘해'라는 말처럼, 사명이 주어졌을 때 잘해야 하지 않겠는가?

하나님은 그 자신의 통치를 위해 시대에 따라 각기 다른 도구를 사용하셨다. 하나님의 우주적인 구원 계획이 담긴 복음의 기쁜 소식은 주로 어떻게 전파되었는가? 하나님은 원시 그리스도 교회의 시대에는 사도들과 그 추종자들이라는 매개를 사용하셨고, 중세 교회의 시대에는 교부들과 신부들이라는 매개를 사용하셨다. 속도의 시대, 현대 교회의 시대에 하나님은 어떠한 매개를 사용하고 계실까? 하나님은 디지털로 대변되는 각종 전자 매체를 통해 그의 지배를 확고히 다져나가고 계실 것이다. 오늘의 신앙인이 아버지의 나라가 임하게 해달라는 탄원을 할 때에는, 그에게는 그 나라의 신속한 확장을 위해 먼저 이 시대의 변화와 그 흐름을 철저히 감지해나가야 할 책임이 있다.

4

"아버지의 뜻이 하늘에서처럼
땅에서도 이루어지게 하옵소서"

아버지의 뜻이 하늘에서처럼
땅에서도 이루어지게 하옵소서

마태복음에 나오는 이 세 번째 탄원이 누가복음에는 생략되어 있다. 이 탄원은 마태적인 확대 문체의 특징을 보여주고 있다. 마태는 이 탄원을 원시 그리스도교 공동체 내에서의 예배 경험의 결과로 주기도문의 원래 형태에 부가했을 것이다. 이 세 번째 탄원은 이전의 두 탄원과 마찬가지로 하나님의 영광의 또 다른 측면을 강조한다. 왜냐하면 첫째 탄원이 하나님의 영광의 내적인 측면을 강조하고 있고, 둘째 탄원이 그 영광의 외적인 측면을 보다 강조하고 있는 반면, 이 셋째 탄원은 그 영광의 우주적인 차원을 보다 더 강조하고 있기 때문이다.

'하나님의 뜻'은 무엇인가? 하나님의 뜻이 이루어지게 해 달라는 탄원은 그 뜻에 대한 저항이 있다는 것을 전제로 한다. 하나님의 뜻은 온 우주 만물의 구원을 위한 그의 계획과 관련되어 있다. 이 계획은 "하늘과 땅의 모든 권세를"(마 28:18) 허락 받은 예수에게 "하늘에 있는 자들과 땅에 있는 자들과 땅 아래 있는 자들로 모든 무릎을 꿇게"(빌 2:10) 하려는 것이다. 이러한 하나님의 뜻은 지혜롭고 슬기로운 자들에게는 숨겨져 있고, 어린아이들에게는 나타난다(마 11:25-26). 표적을 구하는 사람이나 지혜를 찾는 사람에게는 숨겨져 있으나 십자가에 못 박힌 그리스도를 전하는 사람에게는 드러난다(고전 1:17-25).

그렇다면 "하늘에서와 같이(*hos*) 땅에서도"는 무슨 의미인가? 베자 사본이나 시리아 사본 등 몇몇 사본에서는 "같이"가 생략되어 있기 때문에 결국 이 탄원은 "하늘과 땅 모두에서"로도 읽혀질 수 있다. 먼저 "하늘에서와 같이 땅에서도"라 할 때는 하나님의 뜻이 이미 하늘에서는 이루어졌고, 바로 그런 비숫한 방식으로 땅에서도 이루어지게 해달라는 탄원이 된다. 곧 하늘은 땅을 위한 모델이 된다. 요한계시록에는 이런 사실을 뒷받침해줄 만한 묘사가 나온다. "그 때에 하늘에서 전쟁이 일어났습니다. 미가엘과 그의 천사들은 용과 맞서서 싸웠습니다. 용과 용의 부하들이 이에 맞서서 싸웠지만, 당해 내지 못하였으므로, 하늘에서는 더 이상 그들이 발붙일 자리가 없었습니다. 그래서 그 큰 용, 곧 그 옛 뱀은 땅으로 내쫓겼습니다. 그 큰 용은 악마라고도 하고, 사탄이라고도 하는데, 온 세계를 미혹하던 자입니다. 그 용의 부하들도 그와 함께 땅으로 내쫓겼습니다. … 그러므로 하늘아, 그리고 그 안에 사는 자들아, 즐거워하여라. 그러나 땅과 바다에는 화가 있다. 악마가, 자기 때가 얼마 남지 않은 것을 알고, 몹시 성이 나서 너희에게 내려왔기 때문이다"(계 12:7-9, 12). 여기서는 하늘은 이미 해결되었고 이제 악마가 기거하는 장소인 땅만 해결되면 될 것으로 제시되어 있다.

한편 "하늘과 땅 모두에서"라 할 때는 하나님의 뜻이 하늘과 땅 양쪽 모두에서 동시에 이루어지게 해달라는 탄원이 된다. 이럴 때는 하늘 역시 하나님의 뜻이 이루어지기를 바라는 장소, 곧 아직 하나님의 뜻이 완전히 이루어지지 않은 장소가 된다. 이런 사상 역시 복음서의 뒷받침을 받고 있다. "그날 그 환난 후에 해는 어두워지고 달은 빛을 잃을 것이며 별들은 하늘에서 떨어지고 하늘의 세력들이 흔들릴 것이다. 그때에 인자가 큰 권능과 영광으로 구름을 타고 오는 것을 사람들이 볼 것이다. 그때 그는 천사들을 보내어 땅 끝에서 하늘 끝까지 사방에서 하나님이 택하신 사람들을 모을 것이다"(막 13:24-27; 병행 참조). 묵시문학적 전망 속에서 묘사되는 이러한 구절들은 장차 흔들리게 될 "하늘의 세력들"이 아직은 하늘에서 움직이고 있기 때문에, 결국 하나님의 뜻이 지금은 하늘에서 완전하게 실현되고 있지 않다는 암시가 된다. 이 "하늘의 세력들"은 하나님이 하늘과 땅 모두를 통치하기 시작할 때 비로소 사라질 것으로 제시되었다.

이 두 가지 견해 중 하나를 선택하기란 쉬운 일이 아니다. 그러나 어느 한쪽을 택한다 해도 두 논리 모두에 시간적인 문제를 제외한다면 하나님의 뜻의 실현은 하늘과 땅 모두를 포함한 만물 전체가 된다는 사상이 똑같이 반영되어 있다. 곧 주기도문의 이 세 번째 탄원은 하나님의 주권에 우주적인 차원을 부여하고 있다. 바로 이것이 이 탄원이 첫째 및 둘째와 더불어 서로 보완적인 역할을 하게 되는 이유이다. **하나님의 뜻은 그의 이름이 거룩히 여김을 받아 모든 백성이 그 이름에 무릎을 꿇게 될 때, 곧 그의 나라(통치)가 완전히 실현될 때, 그것과 동시에 이루어질 것이다.** "아버지, 아버지가 하나님으로 우리 모두에게 인정되는 때가 속히 오게 하시옵소서."

예수는 이 세 번째 탄원에서 "아버지의 뜻"을 전면에 내세운다. 이것은 그가 겟세마네 동산에서 "이 잔을 내게서 지나가게 하옵소서. 그러나 나의 뜻대로 마시옵고, 아버지의 뜻대로 하시옵소서"(막 14:36; 마 26:42; 눅 22:42) 하고 직접 드린 기도를 연상하게 해준다. 이러한 탄원을 통해 예수는 아버지의 뜻에 대한 절대적인 복종의 모델이 된다. 그 복종의 강도를 바울은 이렇게 표현한다. "자기를 낮추시고 죽기까지 복종하셨으니 곧 십자가에 죽으심이라"(빌 2:8). 아무리 복종에 철저한 사람이라 해도 '죽기까지' 복종하는 사람은 매우 드물다. 아버지의 뜻에 복종하며 살아야 하는 크리스천의 신앙의 길이 힘겨운 이유가 여기에 있다.

예수는 '나의 뜻'이 아니라 '아버지의 뜻'대로 살아야 함을 몸소 보여주었다. 오늘 누가 크리스천들에게 "너의 뜻대로 살겠느냐 주님의 뜻대로 살겠느냐" 하고 묻는다면 대부분이 주저 없이 '주님의 뜻대로'라고 대답할 것이다. 그러나 "실제로 그렇게 살고 있느냐" 하고 묻는다면 대부분이 대답하기를 주저할 것이다.

예수의 제자들 중 대표격인 베드로조차 주님의 뜻보다는 자신의 뜻을 더 중시했다. 예수는 많은 사람이 자신을 멀리 떠나가자, 열두 제자에게 **"너희도 떠나가려느냐?"**(요 6:67) 하고 질문한다. 이때 제자들의 대표격인 베드로가 이렇게 대답한다. "주님, 우리가 누구에게로 가겠습니까? 선생님께서는 영원한 생명의 말씀이 있습니다. 우리는, 선생님이 하나님의 거룩한 분이심을 믿고, 또 알았습니다"(요 6:68-69).

"주님, 우리가 누구에게로 가겠습니까?" 이 말은 우리는 절대로 우리의 뜻대로 살지 않겠다는 결연한 의지를 반영해준다. 우리는 베드로의 이 고백에 감탄하기 쉽다. 그러나 요한에 나오는 베드로의 생애를 살펴보면 과연 그가 그러한 고백에 걸맞은 인물이었나를 생각하지 않을 수 없게 한다.

우선, "우리는, 선생님이 하나님의 거룩한 분이심을 믿고,

또 알았습니다"라고 대답한 베드로의 고백을 살펴보면, 베드로에 대한 우리의 불안감은 증폭된다. 베드로는 예수를 "하나님의 거룩하신 분"으로 고백한다. 이 고백을 독립시켜 이해한다면, 이것은 훌륭한 고백처럼 보인다. 그러나 "하나님의 거룩한 분"이라는 칭호는 신약 전체를 통해 이곳 요한복음을 제외하면, 마가복음과 누가복음에 각각 한 번씩 더 나온다(막 1:24; 눅 4:34). 마가와 누가의 경우, 그 칭호는 사탄의 입에서 나오는 것으로 소개된다. "하나님의 거룩한 분"이라는 칭호가 다른 두 곳 모두에서 사탄의 고백과 연결되어 있다. 그 칭호는 주후 1세기 원시 크리스천들 사이에서 의도적으로 회피되었던 칭호였다. "하나님의 아들"이나 "그리스도"(메시아)가 신약 전체를 통해 빈번히 사용된 것과 비교할 때, "하나님의 거룩한 분"이라는 칭호의 사용이 신약 전체에서 지극히 제한되어 있다는 것은 결코 우연이 아니다. 요한복음 기자가 원시 크리스천들이 의도적으로 피한 이 사탄의 고백을 베드로의 입에서 나온 것으로 처리했다는 것은 무엇을 뜻하는가? 그것은 베드로의 활동을 사탄의 활동과 동일시하려는 작업 이외에 다른 것이 아니다.

마가복음 기자는 요한복음 기자보다 한 걸음 더 나아간다. 여기서 예수는 베드로를 사탄과 동일시한다. **예수가 베드로를 꾸짖은 이유는 베드로가 "하나님의 일을 생각하지 않고, 사람의 일만 생각"했기 때문이었다**(막 8:33).

"너희도 떠나가려느냐?" 베드로는 주를 위해 자신의 목숨을 버릴 것이라고 단호한 의지를 표명하나, 예수는 그가 닭 울기 전에 자신을 세 번 부인하리라고 예고한다. 예수의 뜻을 이해하지 못하고 대제사장의 종, 말고의 귀를 칼로 쳐서 떼어버린 베드로는 "칼을 칼집에 꽂아라"(요 18:11)라는 예수의 명령을 통해 또다시 간접적으로 비판을 받게 된다. 여기서 예수는 베드로를 책망한 이유를 이렇게 밝힌다. "아버지께서 내게 주신 이 잔을, 내가 어찌 마시지 않겠느냐?" 무슨 말인가? **베드로는 아버지의 뜻에 따른 길을 가려는 예수를 가로막았다는 말이다.**

베드로는 세 번에 걸쳐 예수를 부인한다. 한때 "모두가 버릴지라도, 나는 그렇지 않을 것입니다"(막 14:29) 하며 당당하게 다짐했던 베드로는 예수와 자신을 분리시킴으로써 비겁하게 목숨을 부지한다. 사람들이 달려들어 예수에게 침을 뱉고, 얼굴을 가리고 주먹으로 치고, 조롱하고, 채찍질하고, 가시면

류관을 엮어 씌우고, 갈대로 칠 때 베드로는 도망쳤다.

베드로의 일생을 살펴볼 때, 여러 차례에 걸친 그의 다짐이 결국은 허구였음이 명료하게 밝혀진다. 예수는 "나더러 '주님, 주님' 하는 사람이라고 해서 다 하늘나라에 들어가는 것이 아니다. 하늘에 계신 내 아버지의 뜻을 행하는 사람이라야 들어간다"(마 7:21)고 강조했다. 베드로는 주님의 뜻보다 자신의 뜻 쪽으로 선회했다. 예수의 고난보다는 자신의 고난을 더 두려워했다. 예수의 목숨보다는 자신의 목숨을 더 소중하게 생각했다.

이천 년 전에 베드로가 했던 다짐은 지금도 그와 똑같은 형태로, 또는 변형된 형태로 도처에서 이루어지고 있다. 수많은 크리스천이 "모두가 버릴지라도, 나는 그렇지 않을 것입니다" 하며, 주님의 뜻에 따른 길을 가겠다는 자신들의 결연한 의지를 밝히고 있다. 그러나 우리가 진정 주님의 뜻에 맞는 길을 가고 있는가? 아니면, 우리의 뜻을 먼저 고려하며 살고 있는가? 주님의 영광과 자신의 영광 중 어느 것을 전면에 내세우는가?

평신도뿐 아니라, 목회자, 신학자, 신학생 등 신앙 지도자를 망라한 모든 크리스천의 총체적 회개가 필요하다. 우선 교권을 살펴보자. 매년 각 교단에서 해당 교단의 목회자들을 대표할 총회장 또는 감독 선거 때마다 끊임없이 유포되고 있는 금품 살포와 향응 제공 시비는 무엇을 말해주는가? 금권선거 시비를 막아 보자고 도입하려는 소위 '제비뽑기제도'는 무엇을 말하는가? 제비뽑기를 고육지책의 개선안으로 제시할 정도로 타락선거가 깊이 만연하고 있다는 반증이 아닌가? 세속적인 황금만능주의와 물신숭배사상이 교회에 이미 깊숙이 침투해 들어온 것이 아니고 무엇인가? 목회자들의 최우선적인 관심은 어느 쪽인가? 주님의 뜻인가, 아니면 성공 신화를 향한 자신의 뜻인가?

신학자들은 또한 무엇을 하고 있는가? 금권선거가 자행되어도 해당 교단에서의 제재가 두려워 침묵하고 있는 것은 아닌가? 비단 선거제도뿐만 아니라, 가난하고 눌린 자에 대해 무관심한 교회, 사회봉사활동에 인색한 교회에 대해 신학자는 무엇을 이야기해왔는가? 결국 신학자는 교회를 하나의 독특한 인식 체계로만 이해하고 있는 것은 아닌가? 교회가 마땅히 해야 할 일은 이런저런 것이라는 지적(知的) 정보, 교회와 하나님, 교회와 세상은 이런저런 체계 속에서 밀접히 관련되어 있다는 신학 사상만 제공해주면 교회에 관한 신학자의 의무는 끝나는 것인가? 주로 가치중립을 표방하는 신학자는 무엇에 집중하고 있는가? 주님의 뜻인가, 아니면 주님에 관한 자신의 인식체계인가?

또한, 신학생들은 어디로 가고 있는가? 과거 2~30년 전에 비해 교회의 사회적 비중은 현격히 신장되었고, 목회자에 대한 사회적 인식도도 높아졌다. 만일 졸업 후의 진로가 앞이 안 보이는 깜깜한 상태로 가정된다면, 그리고 교계에서의 활동에 대한 사회적 대접이 아직도 바닥을 헤매고 있다면, 그래도 여전히 주님의 뜻을 따르겠다고 선뜻 나설 수 있는가?

주님을 믿는다는 것은 무서운 일이다. 화려한 성공과 창창한 미래가 보장된 길을 걷는 일이 아니다. 신앙하는 일이 무서운 것은 그것이 예수와 함께 쓴잔을 마셔야 하는 일이기 때문이다. 예수와 함께 몸이 부수어지는 길을 걸어야 하는 일이기 때문이다. 예수와 함께 죽어야 하는 일이기 때문이다.

바울은 "예수 그리스도 곧 십자가에 달리신 그분밖에는, 아무것도 알지 않기로 작정하였다"(고전 2:2)고 선언하고, 평생 이 선언에 충실했다. 그는 이 선언에 자신의 행동이 걸맞지 않을 경우가 발생할 것을 대비하여 항시 긴장을 늦추지 않았다. 따라서 바울이 "내가 내 몸을 쳐 복종하게 함은 내가 남에게 전파한 후에 자기가 도리어 버림이 될까 두려워함이라"(고전 9:27)라고 고백한 것도 이러한 철저한 자기 성찰의 맥락에서 이해할 수 있다.

우리가 목회자든 신학자든 신학생이든 평신도든, 우리는 주님의 뜻대로 살기로 작정한 사람들이다. 예수의 십자가보다 자기 자신의 사회적 권력이, 자신의 명예가, 자신의 성공과 야망이 더 크게 부각될 때마다, 우리의 몸을 쳐서, 다시 주님에게로 돌아가려고 애써야 하지 않겠는가? 그래야 비로소 우리가 남에게 전파한 후에 우리 자신은 도리어 버림을 받는 허망한 사태가 일어나지 않게 될 것이다.

"내가 좋아하는 길"을 "내 마음대로" 가는 것은 크리스천의 자세가 아니다. "주님이 원하는 길을" "주님 뜻대로" 가고 있을 때, 비로소 우리는 크리스천이라 말할 수 있을 것이다. 주님의 뜻 중심으로 사느냐, 우리의 뜻 중심으로 사느냐가 우리를 갈라놓는 기준이 될 것이다. 예수는 가장 가까웠던 제자 베드로라 해도 그가 하나님의 뜻을 저버릴 때는 가차 없이 그를 '사탄'으로 불렀다. 유사한 형국이 벌어지지 않도록 우리도 신앙의 긴장을 늦추는 일이 없어야 하지 않겠는가?

"너희도 떠나가려느냐?" 이천 년 전, 십자가 처형 직전에 열두 제자에게 던져진 예수의 이 물음은 오늘 우리 앞에 펼쳐져 있는 물신숭배, 쾌락추구, 황금만능이라는 넓고 매력적인 길들을 곁눈질하고 있는 우리의 마음 깊숙이, 두렵게 파고 들어온다. "너희도 떠나가려느냐?" 너희는 나와 함께 끝까지 수난의 길을 걸어갈 수 있겠느냐? 물질적인 축복을 못 받아도, 지금보다 더 못살게 되어도, 계획한 사업의 진척이 순조롭지 못해도, 병이 더 악화되어도, 그래도 나와 함께 있겠느냐? 눈에 보이는 것을 다 빼앗겨도, 나 때문에 모욕과 핍박과 오해와 수치를 실제로 당하게 되어도, 그래도 끝까지 나와 함께 있겠느냐? 다른 사람들을 돌아보지 마라. 다른 사람은 문제 삼지 않겠다. 나를 믿는다는 너희는 어떠하냐? 너희마저 떠나려느냐?"

"너희도 나를 떠나려느냐?" 이 물음은 우리가 우리의 영광추구 때문에 주님의 영광에서 멀리 떨어져 있으나, 그래도 다시 주님의 영광을 향해 마음을 추스르고 싶을 때 우리를 각성하게 해주는 한 줄기 빛이 될 것이다.

이름·나라·뜻에 대한 세 탄원은 모두 하나님에게 집중한다. 그러나 그러한 탄원들은 당시의 절박한 인간의 상황과 밀접히 관련되고 있다. 간절한 대망이 절박한 현실 때문에 생기게 된 것으로 해석한 우리나라의 한 시인의 시를 여기서 간략히 소개하는 것은 우리의 이해를 위해 적절할 것이다.

"어제도 고을에는 뒷산에서 봉황을 보았다는 자가 있더니 오늘은 둘이나 나타났다. 이제는 굽은 소나무 하나 남지 않아 헐벗긴 등성이에 무슨 그러한 서조가 내리겠느냐고? 그러나 저 산천과 같이 궁박하여 이미 연작조차 그들의 곁에서 피하여 가버린 이 황량한 고을 백성 가운데는 일찍이 보지 못한 이 깃과 볏이 현란한 가공의 새는 점점 확실하게 실재하리니 진실로 절실은 실재 이상이어니…"

이것은 시인 유치환이 자신의 시집 『예루살렘의 닭』(1953)

에 발표한 "대망-봉황"이라는 시이다. 여기서 그는 대망과 절실한 현실과의 함축 관계를 시적 감각으로 훌륭히 그려내고 있다. "황량한 고을 백성"들은 현실의 절박감 때문에 그러한 대망을 산출해내게 되고, 동시에 그들은 바로 그 대망으로 자신들의 현실적인 고통을 감내해나간다는 것이다. "절실은 실재 이상"이기 때문이다.

주기도문의 첫 세 탄원 배후에는 그 탄원들을 자아내지 않을 수 없었던 절박한 현실이 짙게 깔려 있다. 하늘의 힘으로 힘겨운 현실을 극복하려는 간절함이 엿보인다. 따라서 이 탄원들은 당시의 암울한 현실을 그 배경에 그려 넣고 해석한다면 그 뜻이 보다 생생하게 부각될 것이다. 그 탄원들의 오늘의 의미를 규명하는 작업도 이러한 해석이 전제될 때 가능할 것이다.

5

"오늘 우리에게 우리의
일용할 양식을 주시오며"

오늘 우리에게 우리의 일용할 양식을 주시오며

"일용할"으로 번역되고 있는 "*epiousios*"의 뜻은 확실하지 않다. 이 단어는 신약 전체에서 오직 마태복음과 누가복음의 주기도문 단락에만 각각 한 번씩 나타날 뿐이고, 당대의 다른 그리스 문헌에도 그 정확한 병행이 없기 때문이다. 결국 그 뜻에 대한 해독은 어원학적 추측에 의존할 수밖에 없는 형편이다. 만일 그 단어가 *epi*와 *ienai*('오다')의 합성어라면, 그 뜻은 '오고 있는 날을 위한' 곧 '내일을 위한'이 된다. 한편 이것이 *epi*와 *einai*('존재하다')의 합성어라면, '존재하는 날을 위한', 곧

'날마다'를 뜻하거나 또는 '존재를 위한' 곧 '필요한' 또는 '일용할'이 된다. 전자는 종말론적 해석을, 후자는 현실적 해석을 각각 유도해낸다.

전자를 택하면 "오늘 우리에게 **내일을 위한** 우리의 떡을 달라"는 탄원이 되고, 후자를 택하면 "오늘 우리에게 우리의 **일용할** 양식(떡)을 달라"는 탄원이 된다. 전자를 택하는 경우에는 '내일'은 다음날을 뜻할 뿐 아니라 그 거대한 내일, 곧 최후의 종말을 뜻한다. 곧, "내일을 위한 떡"은 지상의 떡이 아니라, 생명의 떡, 곧 종말 시에 있을 식사의 이미지와 기대가 반영된 구원의 식사이자 메시아적 식사를 뜻하게 된다. 말을 바꾸면 "내일을 위한 떡"은 이 세상의 떡이 아니라, 하나님의 최후의 개입을 위한 떡과 하늘의 식탁에서 주어지게 될 떡이 된다.

그러나 "*epiousios*"를 '내일을 위한 떡' 곧 종말 시의 떡으로 간주하는 이러한 해석에는 적지 않은 문제가 있다. 종말 시의 잔치에는 떡이 아니라, "기름진 것"과 "맑은 포도주"가 제공되기 때문이다. "만군의 여호와께서 이 산에서 만민을 위하여 기름진 것과 오래 저장하였던 포도주로 연회를 베푸시리니, 곧 골수가 가득한 기름진 것과 오래 저장하였던 맑은 포도주로 하실 것이며 … 사망을 영원히 멸하실 것이다. 주 여호와께서 모든 얼굴에서 눈물을 씻기시며 그 백성의 수치를 온 천하에서 제하시리라"(사 25:6, 8).

주기도문은 '떡'(*artos*)—그것이 내일을 위한 것이든 아니든—을 구하고 있지 "기름진 것"과 "맑은 포도주"를 구하고 있지 않기 때문이다. 종말의 그 대잔치에는 "소와 살진 짐승"(마 22:4) 또는 "살진 송아지"(눅 15:23)가 주어질 뿐 아니라 마실 것까지 제공되고 있다. "내 아버지께서 나라를 내게 맡기신 것 같이 나도 너희에게 맡겨 너희로 내 나라에서 먹고 마시며 … 이스라엘 열두 지파를 다스리게 하려 하노라"(눅 22:29-30). 그 잔치에는 고기와 포도주가 제공될 뿐 떡은 생략되고 있다.

주의 만찬의 경우에도 예수는 떡과 포도주를 구별하여 각각 제자들에게 나누어준 뒤, 떡에 대해서가 아니라 포도주에 대해서 이렇게 선언한다. "내가 하나님 나라에서 새것으로 마실 그날까지 나는 포도 열매에서 난 것을 다시 마시지 않을 것이다"(막 14:25; 병행). 곧 떡은 종말론적 잔치에서 다시 맛볼 수 있는 것이 아니다. 포도주는 그때에 제공되지만, 떡은 그렇지 않기 때문이다. 떡은 그날에 이르기 전까지의 양식이 된다.

이것이 결국 아버지의 나라에서 새 떡으로 먹는 그날까지 다시는 떡을 먹지 않겠다는 종류의 이야기가 생략된 이유이다. 더구나 종말론적 잔치에서 제공되는 살진 고기와 맑은 포도주는 모두 "하나님의" 것이지 "우리의" 것이 아니다. 그러나 주기도문은 "우리의" 떡을 달라고 간구하고 있다.

결국 주기도문의 "떡"은 미래의 종말론적인 것이 아니라, 오늘의 일상적인 것이다. 신약에 약 94회 정도 나오는 이 단어의 사용법 역시 대체로 이 방향을 따른다. 그렇기에 *epiousios*는 '내일을 위한'보다는 16세기의 루터나 틴데일처럼, 또는 우리말 개역성경이나 새번역성경처럼 "일용할"이나 "필요한"으로 번역하는 것이 좀 더 적절할 것이다. 한 걸음 더 나아가 주기도문은 '우리의 필요한 떡'을 "오늘" 달라고 탄원한다. 이 탄원에는 떡이 종말론적 잔치에서가 아니라, 구체적인 우리의 생활 속에 '오늘' 주어지기를 요구할 수밖에 없었던 절박한 상황이 전제되어 있다. "저 무리가 벌써 사흘이나 나와 같이 있었는데 먹을 것이 없으니 가엾다. 만일 그들을 굶긴 채 집으로 돌려보낸다면 길에서 지쳐버리겠다. 그 중에는 먼 데서 온 사람들도 있다"(막 8:2; 마 15:32 참조).

예수의 이 말 속에는 그날그날의 떡이 없어서 문자 그대로 굶주리고 있었던 처절한 사정이 분명하게 반영되어 있다. 이것을 배경으로 베풀었던 예수의 급식 기사(막 8:4-10; 마 15: 32-39)에도 떡과 생선이 언급될 뿐 '마실 것'은 언급되지 않고 있다. 그 이유는 기적을 통해 주어진 것은 연명에 필요한 최소의 것들이었음을 상징하려는 것이다. 따라서 네 번째 탄원을 "오늘 우리에게 우리의 **일용할** 양식(떡)을 달라"는 방향으로 이해하는 것이 더 적합하다.

실제로 이 네 번째 탄원은 이해하기가 매우 어렵다. 우리가 그 무엇을 달라고 기도한다는 것은 우리가 그 무엇을 갖고 있지 않다는 것이 전제되어야 한다. 가령 이미 한 대학 입학시험에 합격한 학생이 같은 대학 입시에 꼭 합격하게 해달라고 기도하는 것은 어색한 일이다. 엄격히 말해 이런 종류의 기도는 잘못된 것이다. 마찬가지로 일용할 양식을 달라고 기도하는 것이 어색한 것은 이미 우리는 일용할 양식을 넘치도록 가지고 있기 때문이다.

"일용할 양식"은 원래 어떤 정황에서 언급된 것인가? 예수가 "일용할 양식"을 구하라고 가르쳤던 것을 미루어볼 때, 당시 첫 제자들의 삶의 정황이 대단히 힘겨웠으리라는 것을 쉽게 추론할 수 있다. 당시 그들은 헐벗고 굶주린 채, 예수와 함께 이곳저곳을 순례하며 그날그날을 연명해가고 있었다. 그들은 당장의 끼니를 걱정해야 하는 극빈의 상태에 처해 있었다. 따라서 며칠 동안 굶은 상태였던 그들이 무엇을 먹고 무엇을 마실까 염려했던 것은 지극히 당연한 신체적 본능이었다. 이런 정황에서 예수는 이렇게 가르쳤다. "목숨을 위하여 무엇을 마실까 몸을 위하여 무엇을 입을까 염려하지 말라. … 들의 백합화가 어떻게 자라는지 살펴보아라. … 온갖 영화를 누린 솔로몬도 이 꽃 하나만큼 차려 입지 못하였다"(마 6:25, 28-29).

산상수훈에 나오는 이러한 수려한 시적 교훈들은 어떤 분위기에 걸맞겠는가? 이 교훈들을 휴일 오후 한적한 공원 속의 호숫가를 넉넉한 마음으로 산책하면서 읊조리기에 알맞은 시구(詩句)라고 생각하는 사람이 있다면, 그런 생각은 단연코 빗나간 해석이다. 오히려 이 말씀들은 당장 무엇을 먹고 무엇을 마셔야 할지를 걱정할 수밖에 없었던 초기 추종자들의 가혹한 삶의 한 단면을 여실히 드러내 보여주고 있기 때문이다.

먹고 마시는 일은 목숨 연장을 위한 개인적인 기본 행위이고, 입는 일은 다른 사람과의 관계를 유지하기 위한 사회적인 기본 행위이다. 예수는 이러한 삶의 기본적인 품목에 대한 관심조차 적합하지 않은 것으로 판정하고 이를 거부한다. 예수는 이 거부를 결론 부분에서 재차 반복하여 강조한다. 그 이유는 신뢰를 철저히 하나님에게 두고 살아야 한다는 것을 가르치기 위함이다. 우리의 마음이 먹는 것, 마시는 것, 입는 것에 집착할수록 하나님의 마음으로부터 멀어진다는 것을 감지한 예수는 따라서 그러한 품목에 관해 걱정하는 사람들을 "믿음이 적은 사람들"(마 6:30)로 규정한다.

예수가 이 가르침의 대상으로 삼고 있는 사람들은 무엇을 '잘' 먹을까, 무엇을 '잘' 마실까, 무엇을 '잘' 입을까를 염려한, 여유 있는 사람들이 아니었다. 그러한 종류의 염려는 예수의 말씀을 듣고 있던 사람들에게는 사치스러운 염려에 속한다. '잘'은 미각이나 시각의 '세련'과 관련된다. 그러나 예수의 청중은 '세련'과 관련된 종류의 한가한 염려를 한 것이 아니다. 오직 연명을 위한 기본 사항을 걱정했을 뿐이다. 여기에는 먹고 마시는 것과 입는 것, 곧 의식주 중 의와 식만 언급될 뿐,

주(住)는 언급되지 않는다. 이것은 거할 곳이 없었던 사람들, 곧 이 마을 저 마을을 방랑하며 살았던 사람들의 혹독한 삶의 정황을 반영해준다. 그들은 의와 식, 곧 생명 유지의 기본만을 염려했을 뿐인데도, 예수는 그것마저 단호히 거부했다. "하나님이 입히시고 돌보아 주신다"는 것이다. 오직 하늘을 바라보고 그곳에서 내려오는 힘으로 '땅'을 살아가라는 것이었다.

실제로 물질이 일용할 양식의 수준을 과도하게 넘어서면 결국은 그 물질이 하나님을 점차 대신하게 된다. 물질이 풍부해질수록 하나님께 기도할 내용이 점점 줄어든다. 현대의 부자들은 과거에 하나님만이 하실 수 있다고 생각했던 품목들 중 상당 부분이 이미 인간의 영역으로 내려왔다고 자부한다. 이것이 극대화되면 위대하신 하나님은 점점 작게 보이고, 물질의 위력이 점점 크게 보이게 된다. 한국 교회의 성장세가 결국은 꺾이고, 이미 하향세로 돌아선 것도 GNP의 성장과 깊이 관련되어 있다. 그래서 예수께서는 부자가 하늘나라에 들어가는 것은 낙타가 바늘구멍으로 들어가는 것보다 더 어렵다고 말씀하셨다. 대체로 부자에게는 물질이 가장 위에 있고, 그 밑에 인간이 있고, 그 밑에 하나님이 있다. 물론 이 구조를 과감히 역전시킨 존경받는 부자들도 있으나 그들의 숫자는 극히 제한되어 있는 실정이다.

일용할 양식을 구하라는 가르침은 물질 없이 살아가라는 말이 결코 아니다. 우리의 생명은 물질 없이는 단 며칠도 버틸 수 없기 때문이다. 따라서 예수는 자신이 사탄의 유혹을 받을 때, 사람이 떡으로만 살 것이 아니라고 대답했다. 예수는 사람은 떡으로 살아서는 안 된다고 대답하지 않았다. 떡만 가지고 살지 말라고 대답했다. 동시에 예수는 하나님의 말씀만 가지고 살라고도 하지 않았다. 떡 없이 말씀만 가지고서도 역시 인간은 생명을 유지할 수 없기 때문이다. 오히려 예수는 여기서 물질의 위치를 바로 정해주었다. 물질만 갖고 살려는 인간은 자신이나 하나님보다 물질을 더 우위에 두고 사는 셈이 된다. 예수는 이러한 물질우선주의, 물질절대주의를 배격했다.

일용할 양식을 구하라는 것도 결국은 인간이 하나님을 가장 우위에 모시고 물질을 인간 자신의 발아래 두고 살아가라는 말씀이다. 바로 이런 정황에서 예수는 일용할 양식을 구하라고 가르쳤다. 그날그날 생명의 존속을 위해 극히 필요한 것들을 구하라고 했다.

오늘 우리의 문제가 여기에 있다. 우리는 대체로 일용할 양식을 달라고 간절히 기도할 수 없다. 이미 우리는 일용할 양식 정도가 아니라, 몇 달 아니 몇 년의 양식을 쌓아놓은 채 살고 있기 때문이다. 심지어 세상에서 생을 마칠 때까지 먹을 수 있는 양식을 이미 확보해놓은 채 살고 있는 사람도 상당한 숫자에 달하기 때문이다. 먹고 마실 것이 풍족한 사회에서 풍요로운 삶을 영위하면서 "일용할 양식"을 달라고 문자 그대로 진심으로 기도하는 사람이 있다면 그 사람은 아마 정신 나간 사람이 될 것이다. 그렇다면 "일용할 양식"에 관한 탄원은 주기도문에서 생략해야 하겠는가? 아니, 그럴 수 없다. "일용할 양식"이라는 표현 속에 숨겨진 그 원래의 뜻은 여전히 유효하기 때문이다.

예수는 "일용할 양식"에 관한 탄원을 통해서 하나님과 인간과 물질이 서로 어떤 관계를 갖고 살아야 함을 보여주었다. 물질이 일용할 수준을 넘어서면 인간은 하나님께 신뢰를 두지 않고 물질에 신뢰를 두는 상태로 전락하게 된다. 실제로 예수가 "하나님과 재물을 겸하여 섬길 수 없다"고 단언한 이유도 바로 거기에 있다. 그것은 인간이 제 위치를 바로 알고 살도록 촉구하는 말씀이다.

현대 사회는 물질을 떠받들고 사는 사람들의 형태를 정당한 것처럼 합법화해줄 뿐만 아니라, 그렇게 살도록 유도한다. 현대 물질문명 사회는 그 물질이 그냥 많기만 해서도 안 되고, 그냥 무턱대고 소비만 해서도 안 되도록 가르친다. '세련'이라는 목표를 설정해두고, 그 목표를 향해 벌어들이고 소비하도록 가르친다. 기본적인 응접실은 별게 아니지만 세련된 응접실을 가지려면 많이 벌고 많이 지출해야 한다. '세련'을 충족시키려면 물질의 확보와 소비에 온통 정신을 빼앗겨야 한다. 각종 상업 광고들은 세련되게 살아가라고 쉴 새 없이 선전해댄다.

그렇다면 세련이란 무엇인가? 한마디로 인위적이라는 것이다. 조작된 것이라는 뜻이다. 있는 그대로의 자연이 아니라는 뜻이다. 자연스럽게 보인다는 칭찬도, 사실은 자연과는 다른데 그렇게 착각을 일으킬 정도라는 뜻밖에는 되지 못한다. '있는 그대로'를 순수한 것이라고 한다면 세련은 꾸민 것이고 따라서 순수한 것과는 거리가 멀다는 뜻이 된다. 우리의 정신을 황폐하게 하는 것은 촌스러운 것들이 아니라, 오히려 인위적으로 조작된 세련된 것들이다. "오늘 있다가 내일 아궁이에

던져지는 들풀"이 솔로몬의 "온갖 영화"보다 나은 것은 들풀은 '있는 그대로'인데, 솔로몬의 영화는 모두 다 인위적인 조작이었기 때문이다. '순수'는 세련된 꾸밈에서가 아니라 오히려 촌스럽고 거친 것에서 나온다.

말도 세련되고 매끄럽게 귓가에 미끄러져가는 것보다, 진하게 심정을 울리는 끈적끈적한 말이 오래 남는다. 기도도 청산리 벽계수처럼 막힘없이 줄줄 나오는 것보다 한 마디 한 마디 속에 신앙과 눈물과 삶의 고백이 절절히 배어 있는 것이 우리를 감동시킨다. 세련은 더 세련된 것 앞에서는 유치한 것으로 판정될 수밖에 없다. 세련과 그 끝없는 허구에 적응하려 하기보다, 세련을 향한 우리의 그 헛된 욕심을 줄이며 수수하게 사는 깊이를 지닐 때가 되지 않았나 싶다. 아무튼, 세련 추구는 결국 물질숭배사상의 한 단면이라 할 수 있다. 거기에는 하나님이 들어설 자리가 없다.

일용할 양식을 구하라는 것은 삶을 지탱하는 데 극히 필요한 최소의 물질만을 구해야 한다는 것을 상징적으로 가르치려는 것이다. 창고에 가득 쌓아둘 수 있는 많은 양식이 아니라, 일용할 양식을 구하라는 것은 신뢰를 철저히 하나님에게 두고 살라는 것이다.

예수의 제자 파송 사건에 대한 보도도 비슷한 전망을 보여
준다. "여행하는 데 지팡이 외에는 아무 것도 가지지 말고 먹
을 것도 가지지 말고 자루도 가지지 말고 전대에 동전도 넣어
가지지 말고 신은 신더라도 두 벌 옷은 가지지 말라"(막 6:8-9;
마 10:9-10; 눅 9:3 참조). 방랑하는 선교활동과 혹독한 제자직
의 모델을 제시하고 있는 이 구절은 결국 신뢰를 소유에 두지
말고 하나님에게 두라는 권고가 된다.

예수의 추종자들은 선교 여행을 위하여 고향을 떠날 것을
요구받는다. 그 순례적 특성과 그 고달픔이 이곳저곳에 생생
하게 묘사되어 있다. "너희가 들어가는 집에서 그 곳을 떠날
때까지 머물러라. 만일 어떤 곳이든 너를 영접하지 않고 네 말
을 듣지 않으면, 떠날 때 그들이 너를 거부한 증거로 네 발에
묻은 먼지를 떨어 버려라"(막 6:10-11). 선교 여행 과정에서
받을 거부가 빈번히 예견되고 있다. 추종자들은 "그들의 나라
나 친족, 집"에서 환영받으리라고 기대해서는 안 된다는 것이
다(참조. 막 6:4). 왜 그러한가? 그들은 고향, 친척, 집과 결별
하였고 이들에 대한 책임을 이미 소홀히 하였기 때문이다. 혈

연과 지연이 매우 강조되었던 전통 사회에서 이러한 순례적 성격은 예수의 추종자들에게 버림을 받았던 그 가족들에게는 거의 용납될 수 없는 것이었다. 예수 운동에 가담했던 추종자들의 가족들은 예수에 대해 깊은 반감을 품고 있었을 것이다. 심지어 예수 자신도 그의 친속에게 미친 사람으로 취급당했을 정도이다(막 3:21). 추종자들은 이 마을이나 저 마을에서 거절당하고 핍박받게 될 것으로 예고된다. 이러한 힘겨운 상황에서는 하나님과 가까워지기 마련이다.

일용할 양식을 달라는 것은 삶을 하나님에게만 철저히 위탁하며 살게 해달라는 탄원이 된다. 이 탄원은 실제로 배고픈 현실을 경험하는 사람들에게는 절박하게 느껴지는 기도가 되지만, 재물을 창고에 가득 쌓아둔 사람에게는 생소하게 느껴지는 기도가 된다. 왜냐하면 부를 소유하고 있는 사람이 신뢰를 재물이 아니라 하나님에게 두기란 결코 쉬운 일이 아니기 때문이다. "한 종이 두 주인을 섬기지 못한다. 한편을 미워하고 다른 편을 사랑하거나 또는 한편을 중히 여기고 다른 편을 경히 여길 것이기 때문이다"(마 6:24).

일용할 양식을 구하라는 말씀은 그 말씀을 액면 그대로 고려한다면, 아프리카든 아시아든 북한이든 현재 최극빈 상태에 있는 나라의 사람들에게만 해당한다. 우리나라의 경우도 6·25 동란 중이라든가 보릿고개 시절에는 일용할 양식을 달라는 간구가 절실할 수밖에 없었다. "엄마 어렸을 적엔"이라는 인형전시회의 작품들 속에 등장하는 아련하고 뭉클하게 기억되는 그 가난하던 시절에는 일용할 양식이 항상 전면에 부각되는 문제였다. 물론 그때뿐 아니라 지금도 최극빈 상태로 그날그날을 연명하는 영세민들에게 일용할 양식을 위한 탄원은 절절할 수밖에 없을 것이다. 그러나 그 상태를 벗어나 있는 우리 대부분에게 그 말씀은 해당되지 않는다. 아니, 해당될 수가 없다. 일용할 양식이 이미 있기 때문이다.

일용할 양식을 마음만 먹으면 얼마든지 넘치도록 구할 수 있는 여력이 있는 사람들은 그 말씀을 "일용할 배고픔"으로 새겨들어야 한다. "배고픔"을 겪어보지 못한 사람들은 간절한 기도를 하나님께 드릴 수가 없다. 배고픔을 느낄 겨를이 없을 정도로 모든 것이 풍족할 때 인간은 물질의 노예가 된다. 풍족한 인간이 하나님을 다시 섬기고 물질을 다시 다스리기 위해서는 그날그날을 위해 필요한 일용할 배고픔을 느껴야 가능하다.

배고픔에 대한 자각은 하나님과 인간과 물질이 서로 어떠한 관계에 놓여 있어야 하는가를 깨닫게 해준다. 과거 첫 제자들은 물질이 아니라 하나님께 신뢰를 두고 살아가기 위해 일용할 "양식"을 되뇌었다. 그러나 풍족한 현대 크리스천들이 물질이 아니라 하나님께 신뢰를 두고 살아가기 위해서는 일용할 "배고픔"을 되뇌어야 할 필요가 있다. 지금보다 더 가난해지려는 노력이 요구된다. 배고픈 사람은 자신이 인간답게 살기 위해 최소한 굶주리지 않게 해달라고 기도해야 한다. 그러나 배부른 사람은 자신이 인간답게 살기 위해 배고픔을 느낄 수 있게 해달라고 간구해야 한다.

기부에 인색한 풍토, 과소비가 만연된 사회, 외국 고급 상표에 넋을 빼앗긴 사람들이 어떻게 일용할 양식을 달라고 기도할 수 있겠는가? 세련되게 살라는 허황된 각종 선전에 바짝 구미가 당긴 사람들, 황금만능주의와 물신숭배사상에 흠뻑 젖어들은 사람들, 이미 하나님을 상실한 사람들이 그들의 본래적인 모습을 회복하기 위해서 절실하게 필요한 것은 "일용할 양식"이 아니라 "일용할 배고픔"이라 하지 않을 수 없다. 배고픔을 체험하려고 힘써 노력하지 않고서는, 아니, 실제로 배고프려고 애쓰지 않고서는 이런 세상, 이런 물신숭배 풍조에서 벗어나기란 어렵다.

오래전에 시편 4편의 시인은 물신숭배사상에 젖어 있는 사람들에게 "인생들아 어느 때까지 나의 영광을 변하여 욕되게 하며 허사를 좋아하겠느냐"는 하나님의 탄식을 대신 전하기도 했다. 이제 우리는 더욱 배부르게 해달라는 종류의 기도를 멈출 때가 되었다. 앞으로 우리의 기도는 지금보다 훨씬 배고프게 해달라는 내용으로 채워져야 할 것이다. 그래서 물질을 우리의 발아래 다스리고 하나님을 다시 진심으로 경배할 수 있어야 할 것이다.

물론 우리가 주기도문을 암송할 때마다 "일용할 양식"이라는 문자를 "일용할 배고픔"으로 고쳐 읽을 필요는 없다. 다만, "일용할 양식"을 암송할 때마다, 자신이 최극빈 상태에서 벗어난 사람이라면 그 뜻을 "일용할 배고픔"으로 이해하면서 암송해야만 행간을 읽는 탄원이 될 것이다. 그래야만 하나님과 인간과 물질이 각기 제 위치를 찾게 될 것이다. 결국 **일용할 양식을 달라는 탄원의 초점은 '양식'이 아니라, 하나님에게 맞추어져 있다. 그 뜻은 하나님을 더욱 신뢰하라는 것이다.** 초기 크리스천들의 실제적인 배고픔과, 그 때문에 하나님께 전적인 신뢰를 두고 살았던 그들의 철저한 삶의 모습이, 풍부한 물질 속에서 현대를 살아가는 오늘의 우리 크리스천들에게 큰 각성과 자극이 되었으면 하는 심정 간절하다.

6

"우리가 우리에 죄지은 사람을
용서하여 준 것 같이
우리 죄를 용서하여 주시옵고"

우리가 우리의 죄지은 사람을 용서하여 준 것 같이
우리 죄를 용서하여 주시옵고

"우리가 우리의 죄지은 사람을 용서하여 준 것 같이 우리 죄를 용서하여 주시옵고"(마 6:12). 이 다섯 번째 탄원 역시 이해하기가 쉽지 않다. 이 구절을 엄격히 번역하면 다음과 같다. "우리가 우리의 빚진 자들을 용서한 것 같이 우리의 빚들도 용서 하시옵소서." 여기서 두 가지 문제가 부각된다. 첫째는 사람은 흔히 자기에게 빚진 자들을 용서하는가 하는 것이고 둘째는 하나님의 용서는 인간의 용서를 모델로 삼고 있는가 하는 문제이다.

우선 첫째 문제부터 살펴보자. 사람이 자기에게 빚진 자들을 용서(탕감)하는 것은 정상적인 일인가? 오히려 그 반대가 정상적인 것이 아닌가? 그렇다면 언제 채권자는 채무자를 용서하는가? 이 문제에 대한 해답의 단서를 신명기 15장에서 찾을 수 있다. "매 칠년 끝에 면제하라. 면제의 규례는 이러하니라. 무릇 그 이웃에게 꾸어준 채주는 그것을 면제하고 그 이웃에게나 그 형제에게 독촉하지 말지니 이 해는 여호와의 면제년이라 칭함이라. 이방인에게는 네가 독촉하려니와 네 형제에게 꾸인 것은 네 손에서 면제하라"(신 15:1-3).

곧 매 7년의 해방법이 채권자로 하여금 채무자를 용서하도록 강압적으로 규정하고 있다. 여기서는 채권자가 싫어도 어쩔 수 없이 채무자를 용서해야 하는 법률적인 상황을 이해하는 일이 중요하다. 신명기에서 말하는 "형제"가 혈연관계가 아닌 이방인과 대립된 의미의 유대인 종족을 뜻하고 있듯이, 주기도문에서의 "우리" 또는 마태복음와 누가복음의 다른 곳에 빈번히 등장하고 있는 "형제" 역시 혈연관계가 아니라 주로 예수의 추종자 그룹을 뜻한다(막 3:31-35; 마 12:46-50; 눅

8:19-21 참조).

곧 신명기의 '동족끼리'가 주기도문에서는 '우리끼리'로 새롭게 적용되고 있다. 따라서 이 탄원은 일차적으로는 공동체의 내적인 문제와 관련된다. 이것이 "우리"가 '저들의'가 아니라 "우리의" 빚진 자들을 용서했다고 이야기하고 있는 이유이다. 이럴 경우, 이 탄원은 우리가 우리의 빚진 자들을 '우리끼리'는 싫어도 마땅히 용서한 것처럼 우리의 빚들(마태), 혹은 죄들(누가)을 꼭 용서해달라는 간절한 간구가 된다.

그러나 두 번째 문제는 여전히 남는다. 우리가 우리의 죄지은 사람을 용서하여준 것 같이 우리 죄를 용서하여달라고 간구할 때, "…한 것 같이"가 문제가 되기 때문이다. 하나님의 용서는 우리의 용서를 모델로 삼고 있는가? 오히려 그 반대가 되어야 하지 않는가? 마태의 형태는 우리의 용서가 하나님의 용서에 앞서야 할 뿐 아니라, 하나님의 용서를 위한 기준을 제공하고 있는 것처럼 보인다.

실제로 마태복음에는 용서의 순서에 대한 두 가지 이해가 공존하고 있다. 주기도문 다음에 곧이어 나오는 예수의 조건부 용서에 관한 선언(마 6:14-15)도 인간의 용서가 하나님의 용서에 앞서야 할 전제조건으로 설정되어 있다. 한편 "용서할 줄 모르는 종의 비유"(마 18:23-35)를 살펴보자. 왕이 1만 달란트 빚진 자의 간청을 듣고 그의 빚을 탕감해주었을 때(27절), 이것은 하나님의 용서가 인간의 상호 용서에 앞서서 베풀어진다는 것을 강조하려는 것이다. 왜냐하면 왕의 탕감은 그 큰 빚을 진 자가 아직 작은 빚을 진 자에 대해 아무런 행동도 취하기 이전 상태에서 이루어진 것이기 때문이다. 곧 이 비유에서 왕의 첫 번째 행위(용서한)는 큰 빚을 진 자의 행위와 무관하게 이루어졌다. 그러나 왕의 두 번째 행위(용서하지 않은)는 철저하게 그 큰 빚을 진 자의 행위(용서하지 않은)에 의존되어 있음(28절 이하)을 주목할 필요가 있다. 결국 이 비유에서 용서의 순서에 관한 이해가 마태공동체 내에서 아직 분명히 정리되지 않은 채 남아 있었다는 것을 볼 수 있다.

마태공동체 안에는 인간의 용서가 하나님의 용서에 앞선다고 주장하는 그룹과 하나님의 용서가 인간의 용서에 앞선다고 주장하는 그룹이 공존하고 있었다. 마태복음 18장 23-27절은 후자의 사상을, 18장 28-35절과 6장 14-15절 등은 전자의 사상을 대표한다. 주기도문의 다섯 번째 탄원 "우리가 우리의 빚진 자들을 용서한 것 같이"는 크게 보면 전자의 주장을 대변한다고 할 수 있다.

그러나 주기도문의 다섯 번째 탄원 중 "…한 것 같이"에서 모델로 제시되고 있는 것은 인간의 용서 행위라기보다는 그렇게 하지 않을 수 없는 용서의 불가피한 법적 상황이다. 이 탄원을 통해 용서의 중요성이 크게 부각된다. 형제를 용서하지 못하고 형제에게 분노하는 자는 살인하는 자로 간주된다(마 5:22). 예물을 제단에 놓기 전에 먼저 형제와 화목해야 한다는 것이다(마 5:23). 이 탄원은 용서에 대한 강조를 통해 믿는 자들끼리의 상호 대립을 완화시키는 데 기여한다.

결국 이 탄원을 이렇게 재구성할 수 있다. "우리가 우리에게 빚진 자(죄지은 자)들을 토라의 해방법 때문에 싫어도 우리끼리는 마땅히 탕감(용서)하지 않을 수 없었던 것처럼, 우리의 빚들도 내키지 않으시더라도 꼭 탕감해주시옵소서."

예수가 주기도문의 다섯 번째 탄원에서 용서를 언급한 것은 그가 도처에서 용서와 관련된 여러 형태의 사랑을 누누이 강조한 것이 표출된 것이다. "네 이웃을 네 몸과 같이 사랑하라"는 요구는 예수에 의해 여러 계명들이 소개되는 가운데 마지막 계명으로 부가되기도 하고(마 19:19), 또 다른 상황에서는 가장 큰 두 계명 가운데 둘째 계명으로 규정되면서, 첫째 계명과 더불어 "온 율법과 예언서의 강령"으로 제시된다(마 22:39-40). 마태가 본 예수는 "순종이 제사보다 낫다"는 사무엘상 15장 22절보다는 "나는 자비를 원하고 제사를 원치 아니한다"는 호세아 6장 6절을 통해 율법의 뜻을 설명한다(마 9:13; 12:7).

예수는 "너희들의 원수들을 사랑하라"(마 5:44)고 가르쳤다. 이 구절 역시 정치적인 비폭력이나 무저항을 주장하기 위해 도입된 것이 아니라, 지역 공동체 내에서 서로가 서로를 사랑해야 한다는 것을 강력히 권고하기 위한 것이다. 실제로 여기서 "원수들"은 정치적 혹은 대외적 대적자들을 뜻하기 위해 사용한 용어라기보다는 지역공동체 내부의 특정한 그룹들끼리 서로를 격렬히 비판할 때 사용한 용어이다. 예수는 "네 원수를 미워하라"는 말을 극복하기 위해 "네 원수를 사랑하라"는 단수 형태가 아니라, "너희들의 원수들을 사랑하라"는 복수 형태를 사용한다. 이는 이 권고가 예수 추종자들에게 공동으로 주어지게 하기 위한 것이다.

예수는 하나님에 대한 독특한 상을 소개한다. 곧, 하나님은 그 해를 악인과 선인 모두에게 비추게 하시며 비를 의로운 자와 불의한 자 모두에게 내리게 하신다(마 5:45b)는 것이다. 이것 역시 이러한 힘든 사랑의 실천을 위한 모델을 제시하기 위한 것이다. '하나님 모방'이 산상수훈의 주요 주제이다. 이런 사랑의 실천을 하는 사람에게는 "하늘에 계신 … 아버지의 아들들"이 되는 특권이 주어진다(5:45a).

더 나아가 마태의 예수는 "형제"에게 분노하는 자는 누구나 심판을 받게 될 것임을 분명히 함으로써 용서의 중요성을 크게 부각시킨다(마 5:22). 여기서 '형제'(*adelphos*)는 혈육관계가 아니라 '믿는 자'를 지칭하기 위해 사용된 용어이다. 곧 "누구든지 하늘에 계신 내 아버지의 뜻대로 하는 자가 내 형제요 자매요 모친이라"(마 12:50)는 것이다. 따라서 "형제와 화해하라"는 것은 믿는 자들끼리의 내부대립 상황을 간접적으로 반영해준다.

이러한 용서의 모델을 도처에서 확인할 수 있다. "너희가 너희의 중심으로부터 각각 형제를 용서하지 아니하면 내 천부께서도 너희에게 이와 같이 하시리라"(마 18:35)는 것이다. 곧 형식적인 용서가 아니라 '중심으로부터'의 용서가 권고된다. "일곱 번이 아니라 일흔 번씩 일곱 번"(마 18:22)이라도 용서 하라는 것이다. 여러 곳에서 용서가 이토록 절박하게 제시되 는 것은 추종자들의 갈등 상황을 반영한다. 마태복음의 예수 는 용서를 여러 형태로 강조함으로써 추종자들의 상호 공존을 유도한다.

　　신앙생활을 하면서 용서만큼 어려운 것도 드물고, 용서만 큼 삶을 숭고하게 고양해주는 것도 드물다. 용서와 관련하여 실생활에서 종종 부딪치는 문제가 있다. 먼저, 잘못한 것이 없 다는 사람을 용서하는 것이 가능한가? 용서란 상대방이 나에 게 지은 죄에 대한 나의 기억을 잊어버리겠다는 결의의 행위 이다. 용서는 숭고한 결단이다. 만일 죄에 대한 보복, 또 그 보 복에 대한 보복만이 남는다면 인류는 파멸의 길로 치닫게 될 것이다. 그런데 용서는 죄를 지은 상대방의 진심이 담긴 사죄 가 있어야 비로소 가능하다. 죄를 짓고도 잘못한 것이 없다고 주장하는 사람은 용서하고 싶어도 용서할 재간이 없다. 먼저 상대가 죄를 지었음을 인정할 때까지 여러 증거를 대면서 상대를 설득해야 하는 힘겨운 작업을 해야 하기 때문이다. 그렇게 해서 겨우 상대가 수긍하고 사과를 한다 해도 그 사과가 오죽하겠는가?

국가적 차원의 사과에 대해서는 일본의 경우보다 더 적절한 예를 찾기 어렵다. 일본에 사는 한 교포는 이렇게 말한 적이 있다. 한국 사람들은 일본 수상이 바뀔 때마다 과거 일제의 한국 침략의 만행에 대해 사과하라 하는데, 도저히 이해할 수가 없다는 것이다. 여러 번 사과하지 않았냐는 것이다. 하긴 여러 번 사과와 비슷한 성명을 발표하긴 했다. 그러나 일본의 공식적인 뉘우침의 수준은 1984년 '유감'(히로히토 국왕)에서 1990년 '통석'(아키히토 국왕), 그리고 1995년 '반성'(무라야마 총리)으로 근소하게 변경된 정도이다. 그레그 전 주한미국대사는 일본이 선택한 '반성'이라는 단어는 "수백만이 죽은 전쟁에 대한 국가적 감정을 표현하기보다는 골프장에서 공을 잘못치고 난 뒤에 사용하기에 더 적절한 것 같다"며 일본의 숨은 의도를 갈파하고 빈정댄 적이 있다.

일본은 진심으로 뉘우친 것이 아니다. 2000년 초반 고이즈미 수상은 피해 주변국의 강경한 반대에도 불구하고 야스쿠니 신사를 여러 차례 참배했다. 뉘우침이 진심이었다면 이런 행동은 할 수 없다. 2007년 7월 30일, 미 연방하원은 2차 세계 대전 중 수천 명의 여성을 성노리개로 강제동원한 만행에 대해 사과하도록 일본 정부에 촉구하는 '일본군 강제종군위안부 결의안'(HR 121)을 만장일치로 통과시켰다. 결의안을 발의한 마이클 혼다 의원은 "역사에는 시효가 없다. 일본 정부는 반인륜적 인권 유린을 반성해야 한다"고 촉구했다. 일본은 이 결의안을 저지하기 위해 대대적인 로비를 벌였다. 가령, 일본이 정치인 및 언론인과 정치평론가 40여 명이 찬동, 서명하여 〈워싱턴포스트〉에 "The Facts"라는 제목으로 어처구니없는 전면 광고를 게재했는데, 그 내용은 종군위안부 모집의 강제성 부인이다. 오죽 사과다운 사과를 하지 않았으면 미국 의회가 일본 정부에 사과하라고 촉구하는 결의를 했겠는가?

그러나 이 정도는 최근 일본의 노골적인 역사 부정에 비하면 미미한 수준이다. 2012년 12월, 일본 제96대 총리가 된 아베 신조와 그 내각은 우리나라에 대한 일본의 침략을 지속적으로 미화하거나 부정하고, 강제로 동원했던 종군위안부 제도에 강제성이 없었다는 식의 역사 왜곡을 서슴지 않고 있다.

심지어 아베 총리는 지금까지 일본의 공식 입장이었던 고노 담화(1993. 8. 4)와 무라야마 담화(1995. 8. 15)마저 부정하는 방향으로 가고 있다. 고노 요헤이 전 관방장관의 담화는 위안부의 존재를 인정하고 사죄한 내용이고, 무라야마 도미이치 당시 제81대 일본 총리의 담화는 일본의 아시아 침략과 식민지배의 강제성과 잔혹성 전반에 대해 사죄한 내용이다. 결국, 아베와 그 내각은 자신들이 만든 일본의 공식적인 역사를 스스로 부인하는 지경에 이르렀다. 고노 담화는 '정치적 타협'의 결과물로 폄하되기도 했다. 이에 고노 전 관방장관은 고노 담화는 수정될 내용이 없다며 반박했다. 한편, 무라야마 전 총리는 아베 신조 총리가 무라야마 담화를 계승하고 21세기 평화 국가에 걸맞은 태도를 밝혀야 한다고 강조했다. 그는 "아베 총리가 야스쿠니 신사를 참배하는 등 상대의 뜻에 어긋나는 것만 하고 있다"며 "역대 정권과 다른 반동적인 정책을 추진했다. 주변에서 불신을 사는 것은 틀림없다"고 일갈했다. 또한 무라야마는 방한하여 "무라야마 담화를 지킬 수 없는 사람은 공직에 머무를 수 없다"고 일침을 가했다. 미국의 버락 오바마 대통령은 일본 정부의 '위안부 결의안' 준수를 촉구하는 내용이 담긴 2014년도 통합세출법안에 정식 서명했다(2014. 1. 17).

국제적 비난이 거세지자, 스가 요시히데 현 관방장관은 "고노 담화 검증은 하겠으나 수정은 있을 수 없다"며 어정쩡한 태도를 취했고, 아베 총리도 "고노 담화를 수정할 생각이 전혀 없다"고 한 발 물러섰다. 그러나 일본 극우들의 생각은 조금도 변화할 조짐이 없다. 오히려 더 강화되고 있는 분위기이다. 더구나 '인종 차별'이라는 생각이 저변에 깔린, 현대 사회에서는 입 밖에 내기도 부끄럽고 비적절한 말들을 쏟아낸다. 한국인을 비하하는 일본 극우의 혐한 발언은 일본에서 묵인되고 있다. 급기야 그 혐한 발언들을 대변이라도 하듯이 아베 총리까지 나서 이러한 망언까지 했다. "중국은 어처구니없는 국가지만 아직 이성적인 외교 게임이 가능하다. 그러나 한국은 단지 어리석은 국가이다"(2013. 11. 15). 이것이 일본 최고 지도자의 입에서 나온 망언의 수준이다. 심리학적으로 들여다보면, 일본의 망언 저변에는 자신들은 깨끗한 민족으로 그런 치욕적인 일들을 일으킬 리가 만무하다는 무의식적인 집단 최면에 걸린 것 같기도 하다. 일본이 '진심으로' 사과하는 날은 언제

올 것인가?

유대인 600만 명을 대학살한 독일에 대해 이스라엘이 사과하라고 촉구했다는 말을 들어본 적 있는가? 이스라엘은 독일이 진심으로 사과했기 때문에 그런 촉구를 할 필요가 없다. 독일의 전 대통령 바이츠제커(Richard von Weizsaecker)는 사죄는 마음으로 하는 것이며, 말보다는 보상이 앞서야 한다고 지적했다. 실제로 바이츠제커는 그 자신의 재임 시, 이스라엘에 깊이 사죄하고 그들이 요구하는 이상으로 보상하고 각종 지원을 계속했다. 지금까지 독일의 보상액은 일본이 주변국들에 지급한 보상액의 60배에 달한다. 또 바이츠제커는 독일 중고등학생들에게 프랑스 학자가 쓴 독일 역사책을 교과서로 채택하여 읽히게 하였다. 독일 학자가 쓴 독일 역사책은 자칫하면 자신들이 일으킨 전쟁을 미화하기 쉽다는 이유에서였다. 이를 역사교과서 왜곡하기를 끊임없이 자행하는 일본에 비교하면 독일은 역시 저력이 있는 나라이다.

종군위안부 문제뿐만이 아니라, 조사에 착수조차 하지 않은 사건들도 있다. 가령, 1923년 관동대지진 시에 당시 재일조선인 수천 명에 대한 일본의 대학살에 대하여 일본은 개인적이든 공식적이든 형식적인 사과조차 해본 일이 없다. 사태가 이렇기 때문에 수상이 바뀔 때마다 '진심으로' 사과를 하고 배상하라는 것이다.

우리 주변에서도 뉘우칠 것이 없다는 사람에게는 용서를 해줄 방법이 없다. 어떻게 용서를 해줄 수 있단 말인가? 죄를 짓지 않았다 하지 않는가? 그런 종류의 사람에게는 그 사람이 진심으로 자신의 잘못을 깨닫고 돌아설 때까지 기도하며 기다리는 수밖에는 없다. 그 후에 용서하면 된다.

용서에 관한 다른 종류의 문제가 있다. 잘못은 나에게 해놓고, 나에게 용서를 빌지 않고, 하나님께 용서를 구하고 하나님이 용서했다고 주장할 때 내가 할 일은 무엇인가? 2007년, 이창동 감독의 영화 〈밀양〉은 오래도록 감정의 울림을 남게 했을 뿐 아니라, 관객 특히 크리스천 관객에게 큰 숙제를 던졌다. 신애의 처절한 좌절과 분노를 가슴 깊은 곳에서 터져 나오는 가히 폭발적인 연기로 표출한 전도연은 대단한 배우이다. 칸영화제 여우주연상 수상 배우라는 수식이 전혀 과장이 아니라는 느낌이다.

신애는 죽은 남편의 고향인 밀양으로 자식을 데리고 간다. 이제 신애에게는 아들이 살아가는 이유이자 힘의 원동력이다. 그 아들이 유괴범에게 납치되어 살해당하자 신애는 절망한다. 그 후 신애는 교회에 다니게 되었고, 이제 죽은 아들 대신 그 자리에 하나님이 새 삶의 원동력으로 들어선다. 문제는 신애가 아들의 살인자를 용서하려고 면회를 간 교도소에서 일어난다. 살인자는 하나님이 자신의 죄를 용서했다면서 평온한 미소를 짓는다. 신애의 용서는 더 이상 필요가 없었다. 신애는 그 살인자가 자신의 용서와는 상관없이 용서를 받았다고 하는 말에 격분하고, 하나님께 항거하며 그분에게서 돌아선다.

여기서 용서의 주제와 관련하여 신학적으로 문제가 되는 것은 이것이다. 우리에게 죄 지은 자는 우리의 용서가 없이도 하나님에 의해 사면되는가? 그렇다면 우리의 역할은 무엇인가? 신애의 격분은 아무런 근거가 없는가?

우선, 죄 사함과 관련된 예수의 언급을 살펴보자. 예수는 중풍병자에게 "아들아, 네 죄가 용서함을 받았다"(막 2:5; 마 9:2; 눅 5:20)고 말했다. 네 복음서 전체에서 죄가 용서되었다고 예수가 어떤 구체적인 인물을 대상으로 직접 선언한 경우는 이 중풍병자와 향유를 예수에게 부은 여인(눅 7:47-48) 그 둘뿐이다. 그만큼 어떤 대상에게 직접 내리는 죄 사함의 선언은 매우 희귀한 일이다. 그런데 이 중풍병자나 향유 부은 여인의 경우, 그들이 다른 사람에게 피해를 주었다는 언급은 없다.

이러한 경우 말고도 자신이 개인적으로 하나님에게 지은 죄, 가령 정욕을 품은 일 또는 남을 미워한 일 등 실행에 옮기지는 않고 다만 마음으로만 지은 죄는 그 죄에 의해 실제로 피해를 본 사람이 없기 때문에 죄 사함을 직접 절대자에게 구할 수 있다. 그러나 신애처럼 살인자에게 피해를 본 사람이 엄연히 있는 경우, 그 살인자는 하나님의 용서를 구하기 전에 먼저 피해자에게 용서를 구했어야 한다. 적어도 네 복음서에 피해자에 대한 배려 없이도 가해자가 용서받을 수 있다고 주장한 단락은 없다.

오히려 예수는 이렇게 말한다. "그러므로 네가 제단에 제물을 드리려고 하다가, 네 형제가 네게 어떤 원한을 품고 있다는 생각이 나거든, 너는 그 제물을 제단 앞에 놓아두고, 먼저 가서 네 형제와 화해하여라. 그런 다음에, 돌아와서 제물을 드려라"(마 5:23-24). 곧 화해가 제사보다 앞서야 한다는 것이다. 그 살인자가 이 단락을 눈여겨보았다면 그는 하나님께 용서를 구하기 전에 먼저 신애에게 용서를 구하고 신애와 화해를 한 뒤에 하나님께 용서를 구하는 순서를 취했을 것이다.

신애의 상실과 좌절에는 아랑곳하지 않고 오직 편리한 자기 논리를 전개하는 그는 남의 아픔에는 눈을 감은 이기적인 살인자에 불과하다. 신애의 용서 없이도 하나님의 용서를 받았다는 그의 주장은 예수의 죄 용서에 대한 가르침의 방향과는 거리가 멀다. 그 살인자는 신애의 아들을 죽였고, 신애 없이 용서받았다고 함으로써 이제는 신애를 죽인 셈이 되었다. 신애는 자신이 제외된 그런 용서를 하나님이 해주실 리 없다고 그 살인자에게 소리쳤어야 하지 않았을까? 실제로 예수가 말하는 하나님은 그런 종류의 하나님이 아니다. 예수는 도처에서 너희에게 죄 지은 자를 용서하라고 강조했다. 심지어 주기도문 바로 다음에 "너희가 사람의 과실을 용서하면 너희 천부께서도 너희 과실을 용서하시려니와 너희가 사람의 과실을 용서하지 아니하면 너희 아버지께서도 너희 과실을 용서하지 아니하시리라"(마 6:14-15) 말했다. 이 말은 피해자가 가해자를 용서하라는 것이다. 용서하기 싫어도, 어쩔 수 없이라도 용서하라는 것이다. 그러한 용서가 전제되어야 하나님도 용서하신다는 소위 강력한 조건부 용서를 제시한다.

그래서 피해자인 신애는 가해자인 그 살인범을 용서해주려 했던 것이다. 오히려 신애가 예수의 가르침에 더 충실했다. **만일 신애의 용서가 필요 없다면 용서하라는 그 수많은 예수의 가르침은 무력화되는 것이 아닌가?** 〈너희는 가해자를 용서할 필요가 없다. 너희가 없어도 내가 다 알아서 그를 용서해주겠다〉고 한다면 그토록 여러 곳에서 피해자에게 가해자를 용서하라는 명령을 내리지 않았을 것이다. **용서하라는 가르침은 결국 하나님께서는 가해자를 용서하려 하실 때 피해자의 마음과 입을 통해 하신다는 뜻이다.** 만일 그 살인범이 예수에게 찾아갔다면 예수는 그의 죄가 무조건 용서함을 받았다고 말하지 않았을 것이다. 신애에게 먼저 용서를 구하고 그와 먼저 화해한 후에 다시 오라 했을 것이다.

만일 우리가 피해자라면 가해자가 '진심으로' 사과할 때, 용서해야 할 것이다. 그래야 인간 상호 간의 관계가 회복된다. 인간끼리의 화해가 왜 중요한가? 우리는 하나님 앞에서 모두 한 형제자매이기 때문이다. 우리가 그를 용서하기 싫어도 하나님 때문에 용서하라는 것이다. 하나님이 우리의 삶을 지배하시기를 원한다면 그렇게 해야 한다는 것이다. 하나님은 그 해를 악인과 선인에게 골고루 비추게 하시기 때문이다(마 5:45). 그렇게 하나님을 모방하며 사는 것이 온전한 삶이다(마 5:48). 반대로, 만일 우리가 가해자라면 하나님께 용서를 구하기 전에 먼저 피해자에게 용서를 구하는 일이 중요하다. 더 이상 기독교의 이름으로 제 이, 제 삼의 '신애'를 양산하는 일은 바람직하지 않다.

7

"우리를 시험에 들게 하지 마시고,
악에서 구하시옵소서"

우리를 시험에 들게 하지 마시고, 악에서 구하시옵소서

우리를 시험(*peirasmos*)에 들게 하지 말아 달라는 탄원은 일견 하나님이 인간을 시험한다는 생각을 전제한 것처럼 보인다. 물론 야고보서는 이런 시험을 분명하게 거부하고 있다. "시험을 당할 때에, 아무도 '내가 하나님께 시험을 당하고 있다' 하고 말하지 마십시오. 하나님께서는 악에게 시험을 받지도 않으시고, 또 스스로 아무도 시험하지도 않으십니다. 사람이 시험을 당하는 것은 각각 자기의 욕심에 이끌려서, 꾐에 빠지기 때문입니다"(약 1:13-14).

주기도문의 마지막 탄원의 이 난제를 해결하기 위해 터툴리안은 "우리로 사탄에 의한 시험에 들지 말게 하옵소서"로, 제롬이나 어거스틴은 고린도전서 10장 13절을 기반으로 "우리로 우리가 극복할 수 없는 시험에 들지 않게 하옵소서"로 해석해놓았다. 20세기 말 가톨릭의 위대한 성서학자 브라운은 이러한 교부들의 해석을 종말론적인 전망으로 확대해놓고 있다. 그의 주장에 따르면 여기서 '시험'은 나날이 겪는 구체적인 유혹이 아니라, "사탄의 최후의 공격에 대한 언급" 곧 종말론적인 '대(大)시험'을 뜻한다는 것이다. 물론 고린도전서 7장 5절은 유혹의 주체를 사탄으로 분명히 밝혀주고 있고, 마태복음 4장 3절이나 누가복음 22장 31절도 비슷한 사상을 보여주고 있기 때문에, '시험'을 사탄과 연결시킨다는 것이 무리한 작업은 아니다. 그러나 '시험'은 종말론적인 '대시험' 외에 일상적인 '유혹'에도 사용될 수 있는 단어일 뿐 아니라, 사탄과의 관련 없이도 독자적으로 사용될 수 있는 단어이기도 하다. 예를 들어, 야고보서 1장 2절과 12절에 나오는 '시험'은 사탄과의 관련 없이도 해석할 수 있는 일상적인 시험들을 뜻하기 때문이다. 더 나아가, 주기도문의 '시험' 앞에 관사가 붙지 않았다는 점은 브라운의 주장과는 달리, 그 단어를 최후의 그 '대시험' 하나만을 뜻하는 것으로 축소하기가 어렵다는 것을 보여준다.

'시험'은 배교와 밀접히 관련되어 있는 단어이다. 실제로 시험 중 가장 큰 시험은 하나님을 부인하도록 이끄는 배교라 할 수 있다. 당시 이곳저곳에서 벌어지고 있었던 배교의 현재적 상황을 전제할 때 시험에 들게 하지 말라는 탄원은 "배교의 시련으로부터 지켜 주시옵소서"라는 뜻이 된다. 그렇다면 배교로 이끄는 시련의 구체적인 내용은 무엇인가? 시련의 종류로는 정치적인 시련과 종교적인 시련이 있다. 정치적인 시련은 공회에 넘겨지는 것과 회당에서 매질당하는 것과 관장들과 임금들 앞에 서게 되는 일(막 13:9; 병행)을 포함하고 있다. 종교적인 시련은 많은 사람들을 미혹케 하는 거짓 그리스도인들과 거짓 선지자들의 주장에 굴복하고, 그들을 따라나서는 일을 포함한다(막 13:6, 21-22; 병행).

한편 시련의 강도는 "하나님이 창조하신 날부터 지금까지 이런 환난이 없었고 후에도 없을"(막 13:19; 병행) 정도로 묘사되어 있다. 이렇게 미래적인 형태로 묘사되고 있는 그 내용들은 예수 추종자들이 현재 당하고 있는 시련이 투영된 것으로 볼 수 있다.

시련에 굴복하지 않게 해달라는 이 탄원은 악 또는 악한 자 (*ho ponēros*)로부터의 보호 간청으로 한결 더 명확해진다. 누가에는 없는 "*ho ponēros*"는 '악'으로도 또는 '악한 자'로도 해석될 수 있다. 로마 가톨릭 교부들은 '악'을 선호하고, 희랍 정교회 교부들은 '악한 자'를 선호하는 경향이 있다. 그 단어는 인간을 영원히 파멸시키려는 악으로 해석되기도 하고, 그 악이 구체화된 '악한 자'로 해석되기도 한다. '악'과 '악한 자' 중 어느 것이 더 적절한 번역인가를 선택하는 문제는 그 앞 절에 나오는 '시험'을 추상적인 것으로 해석할 것이냐, 아니면 구체적인 것으로 해석할 것이냐의 문제와 밀접히 관련되어 있다.

여기서 그 단어는 박해를 가함으로써 직접·간접으로 배교를 유도하는 세력을 구체적으로 수행하는 사람으로 이해하는 것이 더 적합하다. 왜냐하면 마태복음에서 그 단어는 '악한 자'에 대한 일반적인 지칭으로 널리 사용되는 용어이기 때문이다. "너희에게 이르노니 악한 자(*ho ponēros*)를 대적치 말라. 누구든지 네 오른뺨을 치거든 왼편도 돌려대며"(마 5:39). "선한 자는 그 쌓은 선에서 선한 것을 내고 악한 자(*ho ponēros*)는 그 쌓은 것에서 악을 낸다"(마 12:35; 눅 6:45 참조). 그러나 악이냐 악한 자냐 하는 것을 엄격하게 결정하는 일은 중요하지 않다. 결국 둘은 하나로 연결되는데, 그 이유는 악한 자란 악을 대변하고 수행하는 사람을 뜻하기 때문이다.

정치적·종교적 시련을 당할 때 굴복하지 않게 해달라는 것과 악한 자로부터 지켜달라는 두 가지 간구로 구성되어 있는 마태의 여섯 번째 탄원은 사실은 하나이다. 각종 핍박과 유혹에 굴복하도록 만드는 것은 다름 아닌 악한 자이기 때문이다. 따라서 바로 이것이 누가가 그 두 가지 간구 중 하나를 생략하고, 다른 하나만 제시하는 것으로도 만족할 수 있었던 이유이다.

우리를 시험에 들지 말게 해달라는 탄원은 우리를 시험에 들게 하는 것이 있다는 것을 전제한다. 만일 오늘 우리의 현실이 우리를 배교하도록 강제하는 정치적 박해나 종교적 시련을 당하는 상황이 아니라면 시험에 들게 하지 말아달라는 간구는 그 의미가 상실되는가? 아니다. 오늘의 신앙인도 각종 유혹에 노출되어 있기 때문이다. 시험에 들지 말게 해달라고 탄원하는 이유는 무엇인가? 시험에 들면, 곧 유혹에 빠지면 하나님에게 집중할 수 없기 때문이다. 오늘 우리를 하나님에게서 멀어지게 하거나, 아예 하나님을 부인하는 셈이 되게 하는 유혹들이 도처에 널려 있다. 현대 신앙인을 하나님에게 집중하게 하지 못하는 품목들은 셀 수 없이 많다. 가령, 주식 귀신, 부동산 귀신에 사로잡혀 있는 사람이 주님에게 집중한다는 것은 불가능하다.

신앙인을 시험에 들게 하는 수많은 품목을 하나로 다 묶을 수 있는 포괄적인 개념은 무엇인가? 그것은 '넓은 문'이다. 주기도문 바로 다음 장에 나오는 좁은 문에 관한 권고(마 7:13)도 바로 넓은 문의 유혹, 또는 넓은 문으로 유혹하는 사람을 물리치라는 것이다. 좁은 문으로 들어가라는 예수의 말씀은 넓은 문을 추구하던 제자들에게 일침을 가한다. 넓은 문은 매력적이어서 그곳으로 들어가는 사람이 많으나, 멸망으로 이어진다는 것이다. 대신 예수께서는 좁은 문으로 들어가라고 말씀하는데, 그 길은 험하긴 하나 결국 생명으로 이어진다는 것이다. 예수와 함께 활동했던 제자들조차 넓은 길의 유혹에 눈길을 주었다. 이천 년 전에 제자들을 유혹했던 넓은 길은 수난 없이 자신들의 영광만을 추구했던 길이다.

오늘의 좁은 문은 어떠한 문인가? 좁은 문은 사람에 따라 각기 달리 상정된다. 앙드레 지드에게 좁은 문은 세속적인 사랑 대신 신앙을 선택하는 삶이었고, 마틴 루터 킹에게는 흑인의 인권을 위한 목숨 건 외침이었다. 엘리 비젤에게 좁은 문은 유대인에 대해 넓게 퍼진 부정적 인식의 교정이었고, 대조적으로, 에드워드 사이드에게는 이슬람 문명권에 대한 서구의 편견에 맞서는 삶이었다. 그린피스 단원에게는 환경 보존을 위해 기성 권력의 개발 일변도에 항거하는 행동이다.

사람은 누구에게나 넓은 문과 좁은 문이 자신 앞에 놓여 있다. 일반인은 대체로 넓은 문 선택을 당연한 것으로 여긴다. 넓은 문을 마다하고, 굳이 좁은 문을 택하면 조롱을 받게 된다. 크리스천이 일반인과 다른 점은 크리스천은 일반인들이 눈여겨보는 그 넓은 길과는 다른 좁은 길을 선택했다는 데 있다. 선택했다는 것도 엄밀한 의미에서 정확한 표현이 아니다. 너희가 나를 택한 것이 아니라, 내가 너희를 택했다는 예수의 말씀을 진지하게 고려한다면 우리가 이 신앙의 길을 택한 것이 아니라 이 길을 걷도록 우리가 선택되었다는 것이 진실에 더 가까울 것이다. 크리스천이 가야 할 길은 영광의 넓은 길이 아니다. 수난의 좁은 길이다.

신앙의 길에 부름을 받은 것은 좁은 길로 초대를 받았다는 것을 뜻한다. 지상의 안일과 행복으로부터 추방된 것을 뜻한다. 수많은 인간 가운데 선택되었다는 것을 뜻한다. 선택된 자들은 마치 광활한 삼림 속에서 도끼로 베기 위해 빨간색 표지를 붙여둔 나무 몇 그루와 같다. 선택된다는 것은 그 익숙하고 안락한 숲에서 잘려나간다는 것을 뜻한다. 같은 숲에서 살면서 잘려나가지 않은 다른 나무들의 조롱까지 견디어야 한다. 선택된다는 것은 그래서 무서운 일이다. 피하고 싶은 일이다. 따라서 어린 예레미야가 하나님에게 선택되었을 때, 그는 피하려 했다. 장래가 촉망되었던 예레미야에게 그것은 자신의 화려한 미래와 보장된 행복을 포기해야 하는 일이었기 때문이다. 신앙인은 안락한 일상을 떠나 하나님의 위대함을 전하기 위해 힘겹고 낯선 환경에 뛰어들어야 한다.

하나님에 의해 선택되었다 해서 하나님에게 칭찬만 받는 것은 아니다. 온 세상이 다 나를 버려도 하나님만큼은 나를 절대 안 버린다면 그보다 더 큰 위안이 어디 있겠는가? 그러나 그게 그렇게 간단한 게 아니다. 예수도 생애 마지막 순간, 십자가에서 "나의 하나님, 나의 하나님, 어찌하여 나를 버리셨습니까?" 하고 절규하지 않았는가?

하나님께 열광하여 하나님과 교감하는 신앙인은 신성의 근원에 손을 뻗기 때문에 어쩌면 위험하기까지 하다. 신앙인은 마치 피뢰침과 같다. 하늘로 치솟은 뾰족한 피뢰침은 하나님의 번쩍임을 자신의 몸으로 받아들인다. 이런 경험이 있어야 하늘의 신성한 불을 지상에 있는 사람들에게 전할 수 있다. 우리는 하나님의 피뢰침이다. 그것은 우리의 몸을 부스러뜨릴 수 있다. 신앙인은 하나님을 칭송하고 그 영광을 예고해야 하지만 하나님은 종종 그 신앙인을 고독한 상태로 지상에 처절하게 내버려둔다. 신앙인이 견디기 어려운 것은 그렇게 버림을 받아도 그래도 하나님을 원망해서는 안 되기 때문이다.

신앙인이 걸어야 할 좁은 길은 보상이 보이지 않는 길이다. 하나님이 우리를 자신의 도구로 사용하다 버린다 해도 우리는 그것조차 받아들여야 한다. 신앙의 길이 쓰디쓴 것은 바로 이 때문이다. 예수와 함께 좁은 길을 가겠다던 제자들 중 대표격인 베드로는 "내가 주와 함께 죽을지언정 주를 부인하지 않겠습니다"(막 14:31) 하고 맹세했으나, 그는 그 말을 한 바로 그 날 밤 그 맹세를 어겼다.

바울은 갈라디아서 6장에서 자신은 "그리스도의 십자가 외에는 결코 자랑할 것이 없다"고 고백하면서, 그리스도 때문에 세상이 자신에 대하여 십자가에 못 박히고, 자신은 또한 세상에 대하여 못 박혔다고 토로한다. 이 말은 그리스도의 십자가를 위해 다른 모든 것을 희생했을 때 나올 수 있는 선언이다. 넓은 길의 유혹을 단호히 물리친 사람의 확신에 찬 고백이다.

크리스천은 그리스도의 십자가를 위해 헌신하는 사람이다. 왜 십자가를 위한 헌신이 좁은 길일까? 세상 사람들은 십자가의 고통보다는 환호를 받는 영광 지향성을 그 기본 방향으로 설정하고 있기 때문이다. 이것이 유혹의 본질이다.

신앙하는 일이 고통스러운 것은 그러한 유혹에 빠지지 말아야 하기 때문이다. 신앙의 길이 좁은 것은 그것이 예수와 함께 쓴 잔을 마셔야 하는 일이기 때문이다. 예수와 함께 채찍질을 당하고, 그와 함께 가시관을 써야 하는 일이기 때문이다. 더 나아가, 예수와 함께 몸이 부수어져야 하고, 끝내 죽어야 하는 일이기 때문이다. 아무런 보상이나 대가에 대한 기대 없이 묵묵히 십자가를 지고 걸어야 하는 일이기 때문이다. 실제로 예수는 이렇게 말했다. "내 오른쪽과 왼쪽에 앉는 그 일은, 내가 허락할 수 있는 일이 아니다. 정해 놓으신 사람에게 돌아갈 것이다"(막 10:40). 신앙인은 예수와 함께 좁은 길을 걸어가기로 작정한 사람들이다. 예수의 십자가보다 자신 앞에 놓인 야망과 성공의 유혹이 더 크게 부각될 때마다 자신의 몸을 쳐서, 다시 주님께서 제시하신 좁은 길을 걸어가겠다는 각오를 다져야 할 것이다.

좁은 문으로 들어가라는 말씀은 시험에 들지 말라는 말씀이다. 그 말씀은 우리의 시선이 주님의 십자가 외에 세상적인 다른 것에 고착될 때 우리의 마음속에 다가온다. 주님은 우리가 우리의 영광 추구 때문에 주님의 십자가에서 멀리 떨어져 있을 때 갑자기 이 말씀으로 우리에게 도전하기 시작한다. "너희가 나와 함께 이 좁은 길을 걸어가겠느냐?" 이 도전은 우리가 심리적으로 처절하고도 참담한 상황 속에 처해 있으면서 그래도 다시 주님의 십자가를 향해 마음을 추스르려 할 때, 한줄기 빛이 될 것이다. 주님, 우리를 시험에 들게 하지 마시옵소서.

신앙인은 경건함과 단호함을 동시에 지녀야 한다. 하나님과 교감을 하는 신앙인은 하늘의 뇌우를 피하지도 않고, 그 어려운 길을 두려워하지도 않는다. 눈앞에 펼쳐지는 여러 유혹을 단호히 물리치고 좁은 길로 들어서야 그 길이 영원한 생명으로 이어지게 될 것이다.

바울은 그리스도의 십자가밖에는 자랑할 것이 아무것도 없다고 고백하면서 그리스도 때문에 자신 쪽에서 보면 세상이 죽었고, 세상 쪽에서 보면 자신이 죽었다고 선언한다(갈 6:4). "예수의 흔적"(갈 6:17)을 몸에 지니고 살았던 바울은 "우리는 살아있으나, 예수를 위하여 늘 몸을 주님께 내맡깁니다"(고후 4:11)라고 토로한다. 두려움에 익숙해지고 십자가에 친숙해지면, 죽음도 친구가 된다. 마치 고갱의 명화, 〈황색 그리스도〉처럼 십자가는 더 이상 고통이 아니라, 평온한 일상이 된다.

8

"나라와 권세와 영광이 영원토록
아버지의 것이옵니다"

나라와 권세와 영광이 영원토록
아버지의 것이옵니다

주기도문에 첨가된 "나라와 권세와 영광이 영원토록 아버지의 것이옵니다"라는 송영은 마태복음의 옛 사본과 누가복음에는 생략되었다. 후대 문서인 디다케가 이것을 첨가하고 있긴 하나, 주기도문에 대한 옛 교부들의 주석서에도 이것은 주기도문의 일부로 취급되고 있지 않다. 역대기상 29장 11절의 "주의 광대하심과 권세와 영광과 승리와 위엄이 다 주의 것이옵니다"를 배경으로 하고 있는 이 송영은 비록 후대의 첨가이기는 하나, 그 내용은 주기도문과 걸맞은 것이라 할 수 있다. 원시 그리스도교 공동체들이 구문화된 형태로 주기도문을 사용하기 시작했을 때, 그들은 '시험'이나 '악한 자'보다는 이 송영으로 끝을 맺는 것이 더 적절하다고 생각했을 것이다.

이 마지막 송영은 주기도문을 장엄하게 마무리한다. 그 송영은 아버지의 지배와 권능과 영광이 그 누구도 대체할 수 없는 아버지의 것임을 선포한다. 경배 받아야 하실 분은 오직 한 분뿐이라는 것이다. 이 송영은 마태복음에 보도되어 있는 세 번에 걸친 예수의 시험들 중 마지막 시험 시 예수가 응수한 대답을 상기시켜준다. 악마가 예수를 시험한 세 번째 항목은 하나님의 영역을 침범하라는 것이다. "또다시 악마는 예수를 매우 높은 산으로 데리고 가서, 세상의 모든 나라와 그 영광을 보여 주며, 그에게 '네가 나에게 엎드려서 절을 하면, 이 모든 것을 네게 주겠다'고 말하였다"(마 4:8-9). '천하만국을 손에 넣기 위해 네가 할 일은 지극히 간단하다. 내게 한 번 엎드려 경배하면 그것으로 모든 것이 해결된다.' 얼마나 손쉬운 일인가. 딱 한 번, 그것도 아무도 없는 자리에서 무릎을 꿇으면, 그 대가로 상상을 초월하는 이득이 주어진다. 이것처럼 매혹적인 유혹이 또 어디에 있겠는가?

그러나 예수는 "사탄아 물러가라"고 소리쳤다. "하나님께 경배하고 다만 그를 섬기라"고 말씀했다. "다만 그를 섬기라." 경배 받고, 섬김을 받을 대상은 오직 하나님 한 분으로 제한된다는 뜻이었다. 하나님 외에 그 어떤 존재도 경배의 대상, 또는 섬김의 대상이 될 수 없다는 뜻이다. 여기서는 사탄과 하나님, 둘 중 어느 것을 선택할 것인가가 과제로 주어진다. 사탄에게 절하는 것은 사탄이 매력적이기 때문이 아니라 사탄이 줄 수 있는 천하만국이 매력적이기 때문이다.

그렇다면 천하만국과 그 영광이 왜 그다지도 매력적인가? 천하만국의 소유는 지배 및 권력과 연결되고, 그것은 결국 영광으로 귀착된다. 나라와 권세와 영광은 주기도문의 송영처럼 하나로 통합된다. 왜 그러한가? 천하만국의 소유는 근본적으로 한 인간이 다른 인간을 다스릴 수 있는 수단이 되기 때문이다. 따라서 세 번째 유혹은 인간이 다른 인간에 대해 가져야할 바른 관계를 저버리게 하고, 왜곡된 관계를 갖게 하려는 것이다. 악마의 세 번째 유혹은 "사람 위에 사람 없고, 사람 밑에 사람 없다"는 기본적인 인간의 상호 평등 관계를 포기시키려는 것이다.

사람은 다른 사람에게 무릎을 꿇어서도 안 되고, 반대로 다른 사람의 무릎을 자기에게 꿇게 해서도 안 된다. 이것이 예수의 대답의 행간에 암묵적으로 담겨져 있는 내용이다. 이 세 번째 유혹 단락에서 우리의 시선이 천하만국 자체에 머문다면, 이 세 번째 유혹은 첫 번째 유혹과 유사한 종류의 유혹으로 오해될 것이다. 그러나 이 세 번째 유혹은 첫 번째 유혹과는 다른 종류의 것이다. 이 세 번째 유혹은 예수에게 다른 인간을 통제하거나 무릎을 꿇리게 하는 권력을 주겠다는 유혹이다.

여기에 대한 예수의 대답은 그 누구도 천하만국을 소유함으로써 다른 사람들 위에 앉으려 해서는 안 된다는 것이다. 천하만국이 수반하는 인간 지배욕의 매력을 포기하라는 뜻이다. 천하만국이 주는 힘의 매력은 물거품처럼 사라지나, 하나님의 말씀은 영원하다는 것이다. "다만 하나님을 섬기라." 크리스천의 섬김의 대상은 오직 하나님 한 분이시다. 그런데 우리는 진정 하나님을 섬기고 있는가? 우리가 섬기는 하나님은 누구인가?

사람이 한가할 때 주로 무엇을 생각하느냐에 따라 그 사람의 하나님이 누구인가가 밝혀진다. 틈만 있으면 땅을 생각하는가? 그렇다면 땅이 그 사람의 하나님이 될 것이다. 어떤 경우에는 명예가, 어떤 경우에는 높은 권력이, 또는 대저택이나 주식 시세표나 고급 자동차가, 또는 초대형 교회 건물이 한 사람의 잠정적인 하나님이 될 것이다. 품목은 사람에 따라 다르겠으나, 그러나 그 어떤 품목도 경배 받아야 할 하나님을 대체할 수 없다는 것이 주기도문의 송영이 주는 근본적인 메시지이다.

왜 크리스천은 주기도문의 송영과 같은 이러한 고백을 할 수밖에 없는가? 그 이유는 신앙은 하나님과 인간의 현격한 차이에 대한 고백에서 시작하기 때문이다. 이는 마치 주님의 말씀을 소개하는 이사야의 선언과도 맥락을 같이한다. "나의 생각은 너희의 생각과 다르며, 너희의 길은 나의 길과 다르다"(사 55:8). 욥기도 같은 방향을 지시한다. 하나님이 욥에게 나타나 말씀한 것은 무엇인가? "내가 땅의 기초를 놓을 때에, 네가 거기에 있기라도 하였느냐?"(욥 38:4). "바닷물이 땅 속 모태에서 터져 나올 때에, 누가 문을 닫아 바다를 가두었느냐?"(38:8). "네가 지금까지 살아오면서 네가 아침에게 명령하여,

동이 트게 해 본 일이 있느냐? 새벽에게 명령하여, 새벽이 제 자리를 지키게 한 일이 있느냐?"(38:12). "죽은 자가 들어가는 문을 들여다본 일이 있느냐? 그 죽음의 그늘이 드리운 문을 본 일이 있느냐?"(38:17). "해가 뜨는 곳에 가 본 적이 있느냐? 동풍이 불어오는 그 시발점에 가 본 적이 있느냐?"(38:24). "독수리가 하늘 높이 떠서, 높은 곳에 보금자리를 만드는 것이 네 명령을 따른 것이냐?"(39:27). "네가 낚시로 악어를 낚을 수 있으며, 끈으로 그 혀를 맬 수 있느냐?"(41:1) 도대체 이 말씀들이 모두 무슨 뜻인가? 한마디로 입 다물라는 것이다. 잠잠하라는 것이다.

바울이 이와 비슷한 사상을 전개한 적이 있다. "혹 네가 내게 말하기를 그러면 하나님이 어찌하여 허물하시느냐 누가 그 뜻을 대적하느냐 하리니 이 사람아 네가 누구이기에 감히 하나님께 반문하느냐 지음을 받은 물건이 지은 자에게 어찌 나를 이같이 만들었느냐 말하겠느냐?"(롬 9:19-20). 바울의 이러한 생각은 결국 "깊도다 하나님의 지혜와 지식의 풍성함이여, 그의 판단은 헤아리지 못할 것이며 그의 길은 찾지 못할 것이로다"(롬 11:33)라는 고백으로 이어진다.

시인 괴테는 이렇게 말했다. "손 안에 잡힌 것은 무엇이든지 다 썩는다." 실제로 하나님은 인간의 손에 잡히지 않을 때에만, 인간의 하나님이 된다. 지평선은 우리가 그것을 잡으려고 아무리 다가가도 여전히 뒤로 밀린다. 바로 그 점이 지평선을 지평선답게 해준다. 하나님과 인간의 질적 차이를 절감하면 할수록, 더 나아가 하나님에 대한 인간 인식의 한계를 심각하게 자각하면 할수록, 하나님의 은총에 대한 열망 역시 그만큼 더 깊어질 것이다. "이는 만물이 주에게서 나오고 주로 말미암고 주에게로 돌아감이라. 그분에게 영광이 세세에 있기를 빕니다. 아멘"(롬 11:36).

맺 는 글

주기도문은 하나님에 관한 세 탄원과 인간에 관한 세 현실적인 탄원으로 구성되어 있다. 처음의 세 하나님 탄원의 배후에는, 그러한 탄원들을 자아내지 않을 수 없었던 절박한 인간적인 현실이 생생하게 부각되고, 나중의 세 인간적 탄원의 배후에는 그 절박한 현실에 대한 하나님의 개입이 드러난다. 결국 여섯 개의 탄원 모두가 힘겨운 인간적인 현실을 반영하고, 동시에 여섯 개의 탄원 모두가 다 그 현실에 개입하는 하나님을 강조한다. 주기도문은 가혹한 인간의 현실로 인한 절망의 심연에서 어쩔 수 없이 하나님께 부르짖을 수밖에 없었던 외침들을 압축해놓았다. 그 기도는 시련을 당하고 있는 추종자들로 하여금 땅의 절박감 때문에 하늘을 쳐다보지 않을 수 없게 하고, 동시에 하늘의 힘으로 땅의 시련을 감내해나가도록 해준다.

무엇보다도 주기도문은 개인적인 기도가 아니라, "우리의" 기도로 드리도록 구성되어 있다. 이는 마치 교가와도 같다. 학생들은 그들의 학교 교가를 부름으로써 다른 학교 학생들과 자신들을 구분 짓는다. 다른 종교의 사람들은 주기도문을 암송하지 않는다. 주기도문은 크리스천을 다른 종교의 신봉자들로부터 뚜렷하게 구분 짓게 해주는 내세울 만한 배지이다. 주기도문은 크리스천이 크리스천다운 자기 정체성을 갖게 해준다. 주기도문은 모든 크리스천을 하나로 결속하게 하는 힘의 원천이다.

주기도문이 크리스천 공동체가 예배드리는 정황에서 사용될 때, 그 기도는 무엇보다도 그 공동체 멤버들의 세계관을 새롭게 구성하고 그것을 확고히 다져나가는 데 크게 기여하게 된다. 그 기도를 암송할 때마다 크리스천들은 발은 땅을 딛고 있으나, 머리는 하늘을 쳐다보면서 살아야 한다는 공동의 삶의 방식을 재확인하고 그것을 더욱 강화해나가게 된다.

주기도문은 오늘의 신앙인들이 걸어가야 할 길을 안내해

준다. 그것은 우리의 삶의 구석구석에 하나님께서 개입하시기를 탄원한다. 주기도문은 시련을 당하는 절박한 현실 속에서도 끝내 굴복하지 않고, 최후의 보장과 신뢰를 오직 하나님에게만 둔 채 살아가도록 우리의 삶을 지속적으로 제어해준다. 우리 기독교에 이만한 기도문이 있다는 것이 자랑스럽다.

지은이 소개

서중석
jsuh@yonsei.ac.kr

학력
연세대학교 신과대학 졸업(신학사)
연세대학교 연합신학대학원 졸업(신학석사)
뉴욕, Union Theological Seminary 졸업(S. T. M.)
Boston University Graduate School 졸업(Ph. D.)

주요 경력 및 교외 활동
연세대학교 신과대학 조교수, 부교수, 교수
Yale University Divinity School, Research Fellow
전국대학원장협의회 회장
한국신약학회 회장
사회복지법인 한벗재단 이사

학교 봉사 활동
연세대학교 신과대학장
연세대학교 연합신학대학원장
연세대학교 일반대학원장
연세대학교 감사실장
연세대학교 부총장

상훈

1991년 대한기독교서회 저술상
1993년 연세대학교 학술상(인문과학부문)
1996년, 2008년 연세대학교 우수업적교수상
2008년, 2012년 연세대학교 우수강의교수상
2014년 대통령 표창

주요업적

저서 『복음서해석』(1991)

　　　　Discipleship and Community(1991)

　　　　『예수』(1992)

　　　　Glory in the Gospel of John(1995)

　　　　『청정한 빛』(1996)

　　　　『바울서신해석』(1998)

　　　　The Gospel of Paul(2003)

　　　　『복음서의 예수와 공동체의 형태』(2007)

　　　　『주기도문과 제자의 길』(2008)

　　　　『요한복음해석』(2012)

　　　　『연세신학백주년기념성경주석 ― 마가복음』(2013)

　　　　『눈을 들어 하늘보라』(2015)

　　　　『공관복음 해석』(2018)

학술논문 "Das Weltgericht und die Matthäische Gemeinde"
　　　　(Novum Testamentum, Vol. 48) 외 67편

역서 『그리스도교 기원에 대한 사회학적 연구』 외 3권